Cime innevate, picchi inaccessibili, scorci da far mancare il fiato: Hannibal delizia ancora una volta i nostri occhi con delle fotografie stupende, che ci portano lassù dove osano le aquile. Una passeggiata virtuale nei cieli per osservare da vicino la potenza e la saggezza delle montagne. Buona lettura

Fabio Rancati

Snow-capped peaks, inaccessible peaks, glimpses of breath-taking: Hannibal once again delights our eyes with beautiful photographs, which lead us up there where eagles dare. A virtual walk in the skies to closely observe the power and wisdom of the mountains. Enjoy the reading

Fabio Rancati

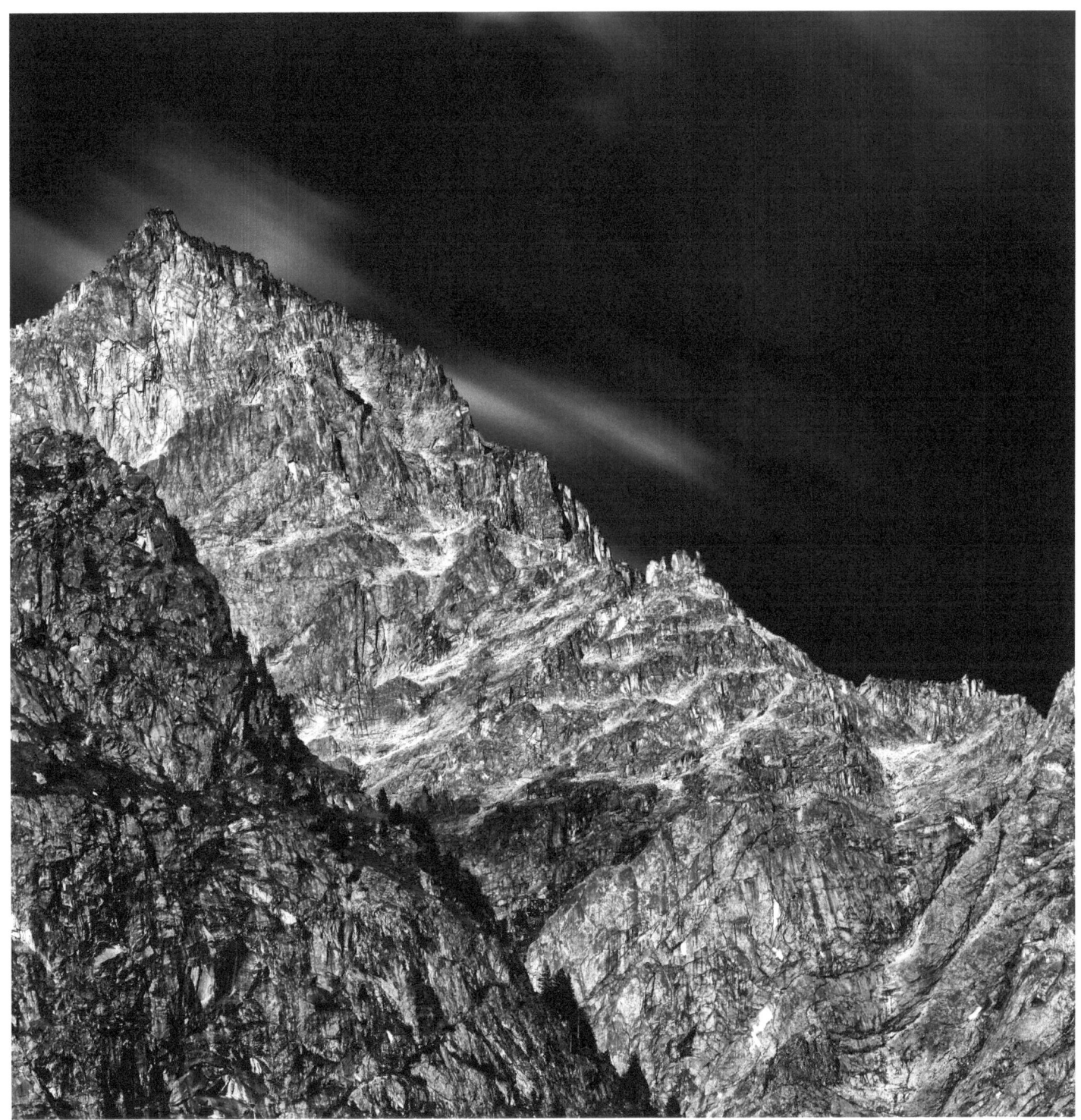

Adamello

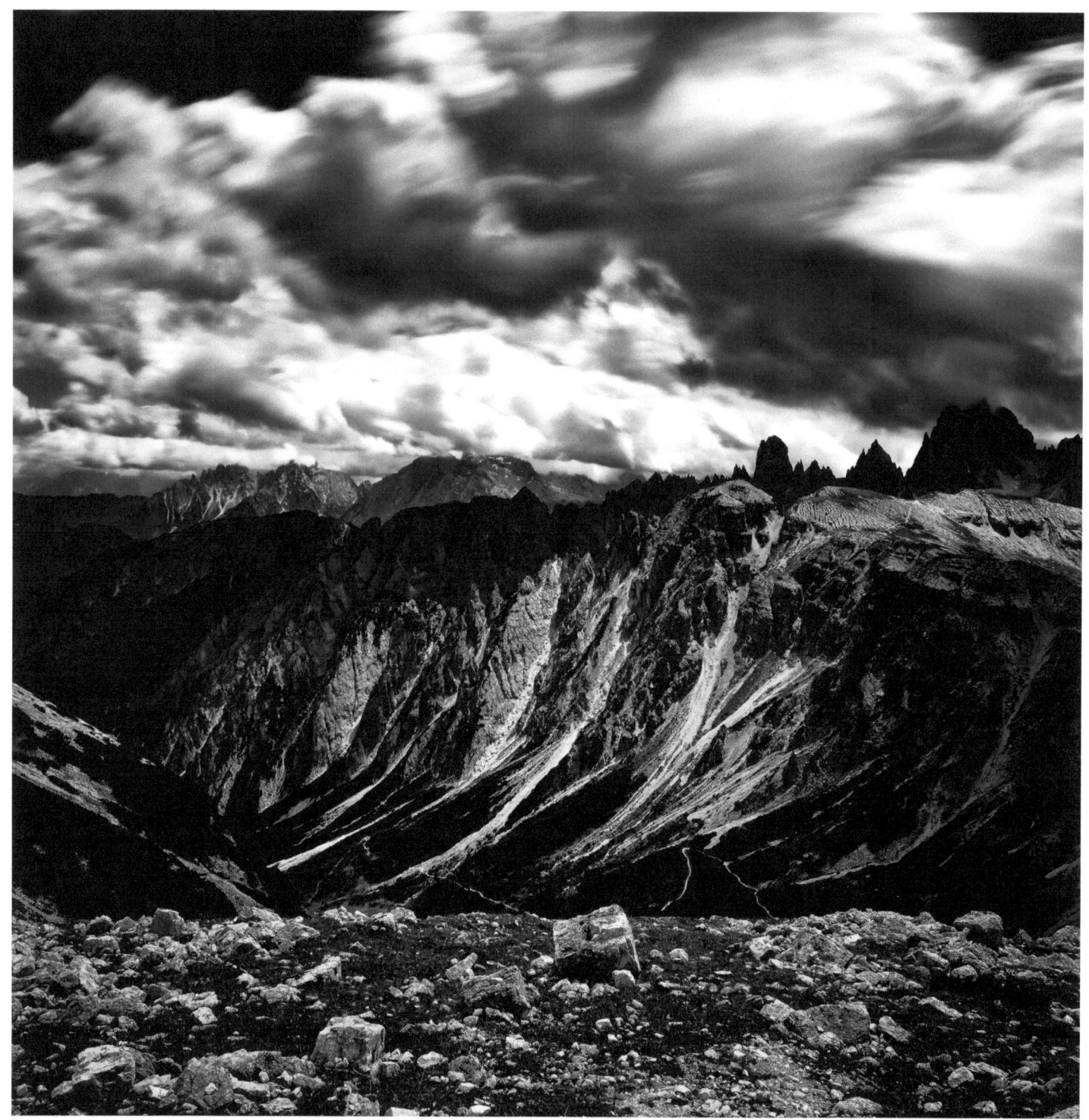
Cadini di Misurina

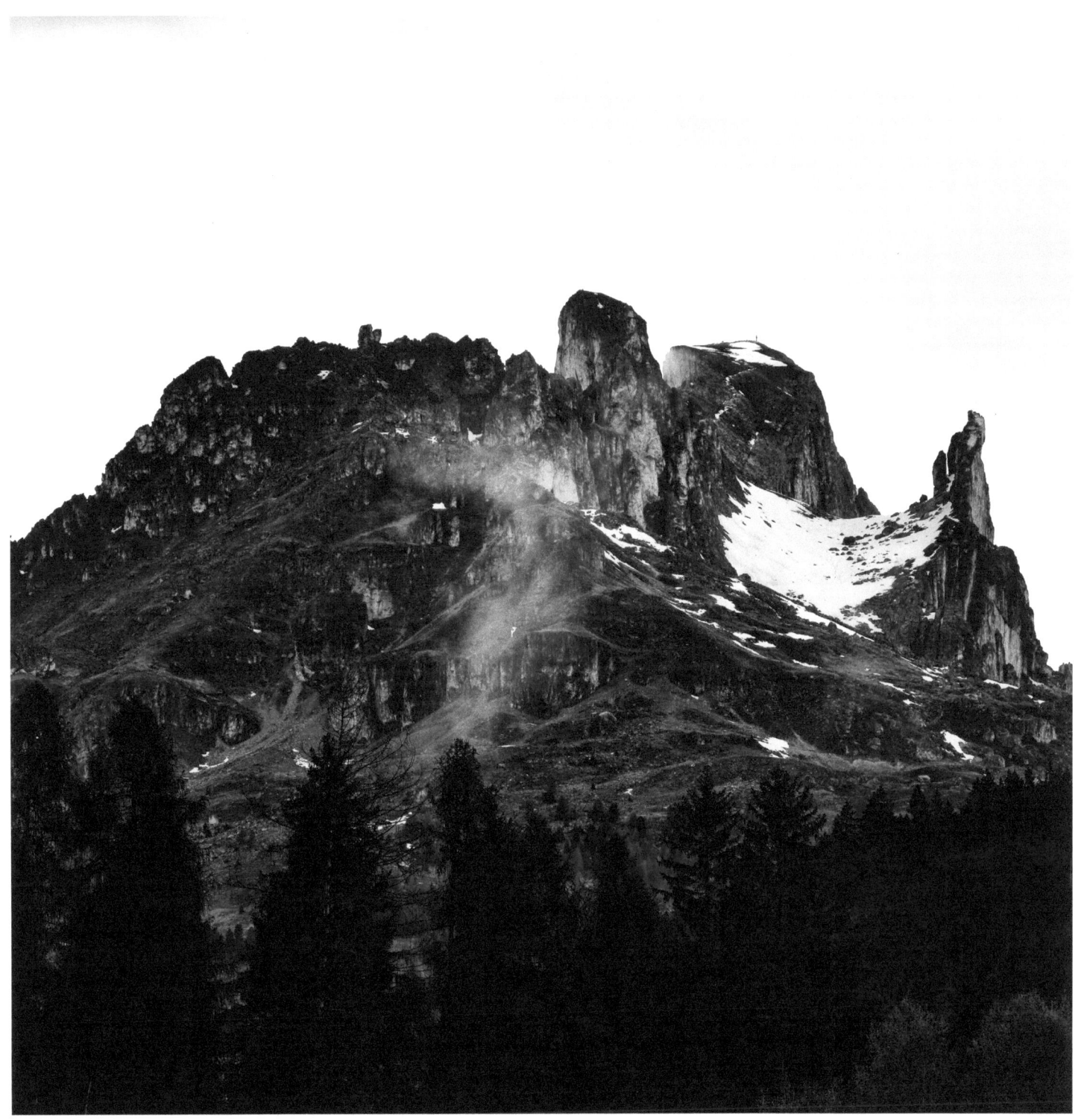
Catinaccio

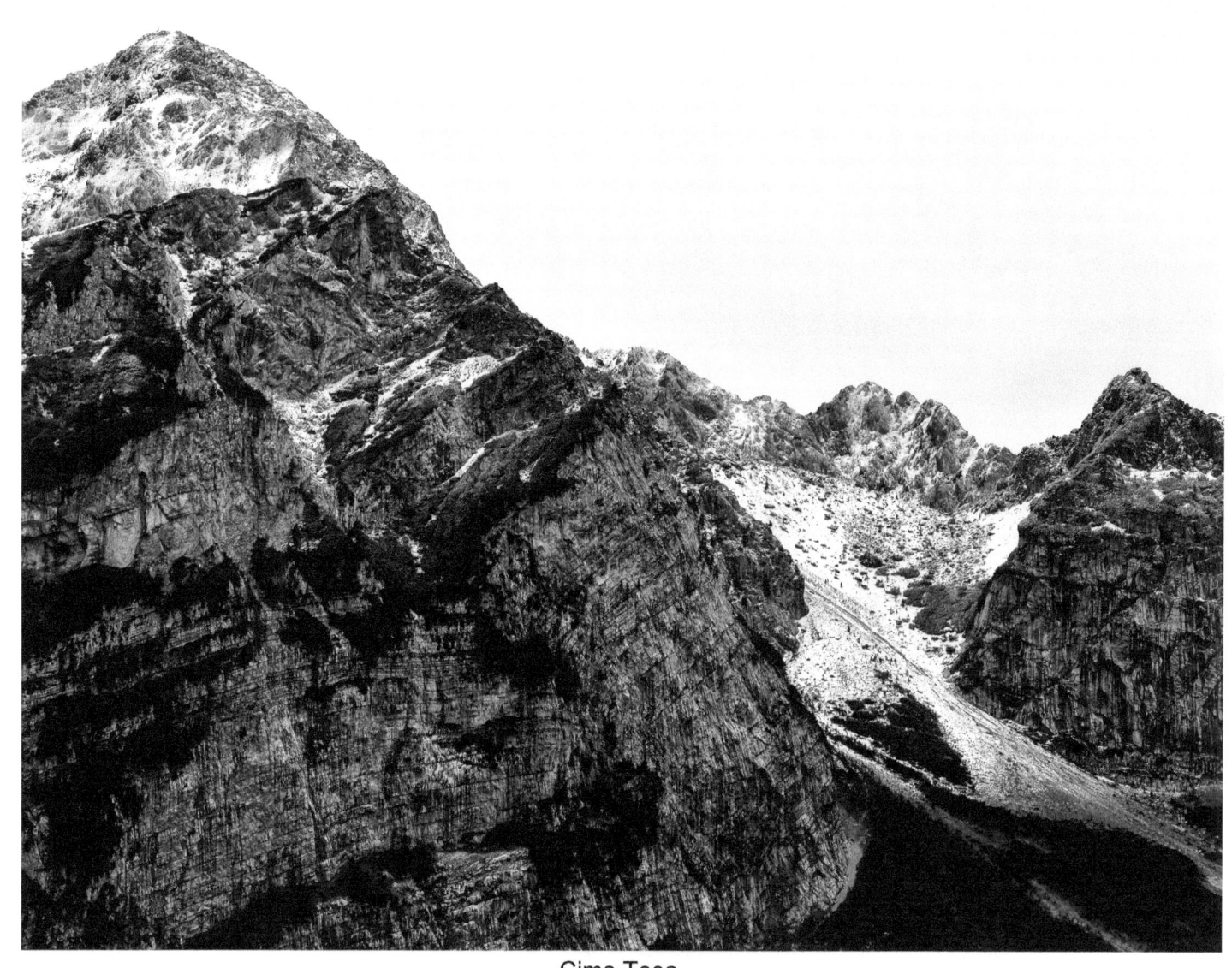

Cima Tosa

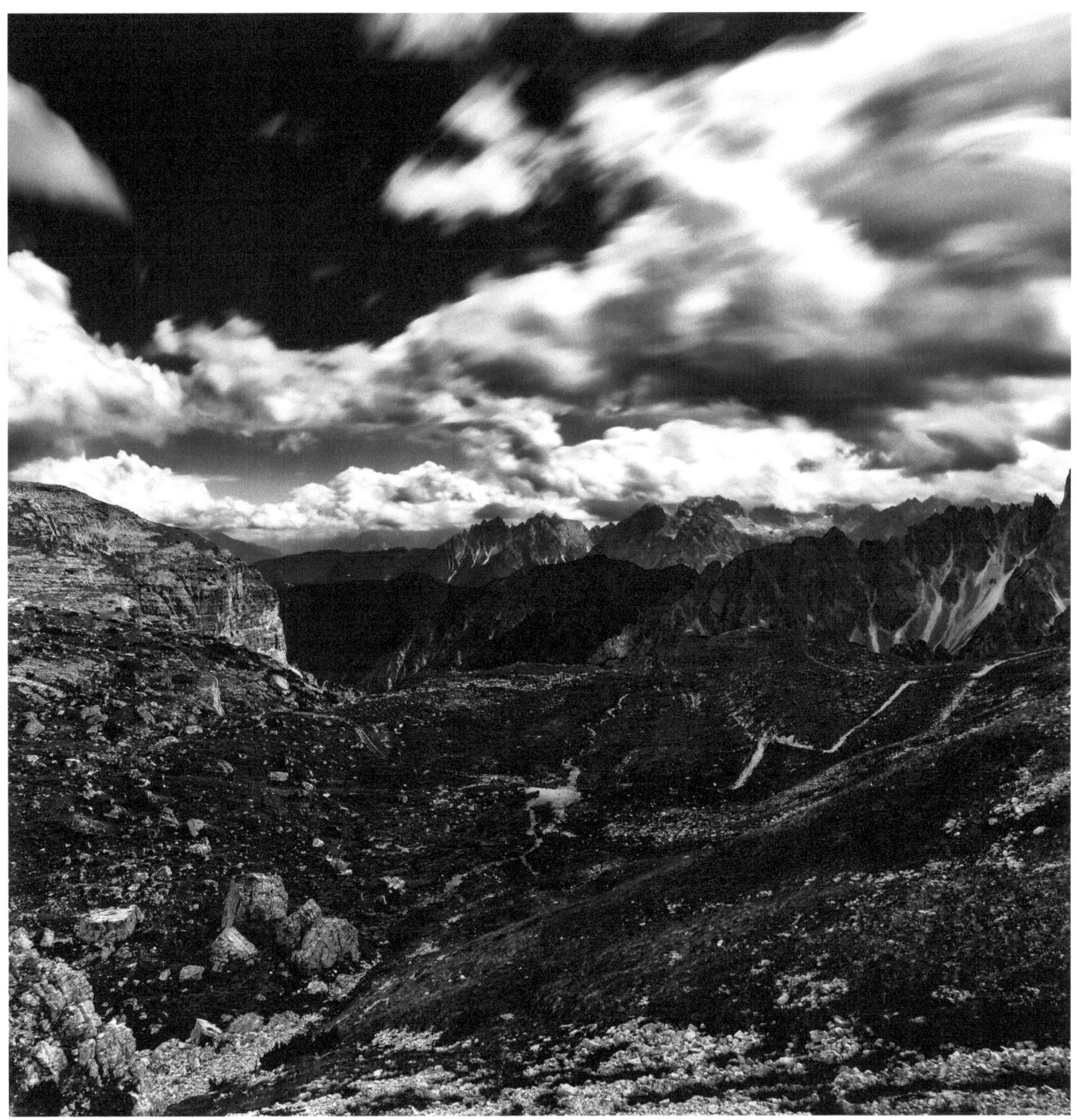

Cimon del Froppa

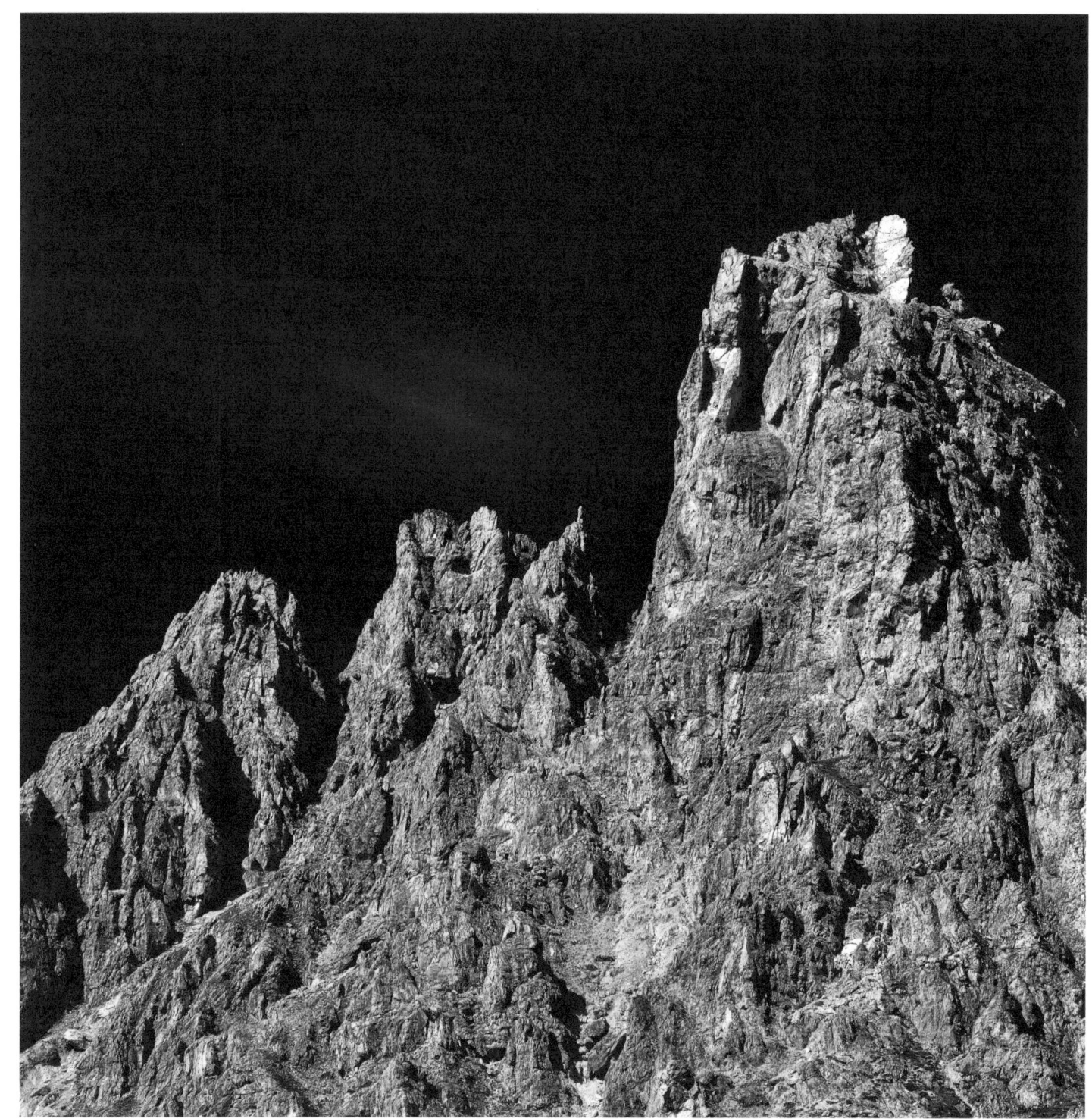

Cirspitzen

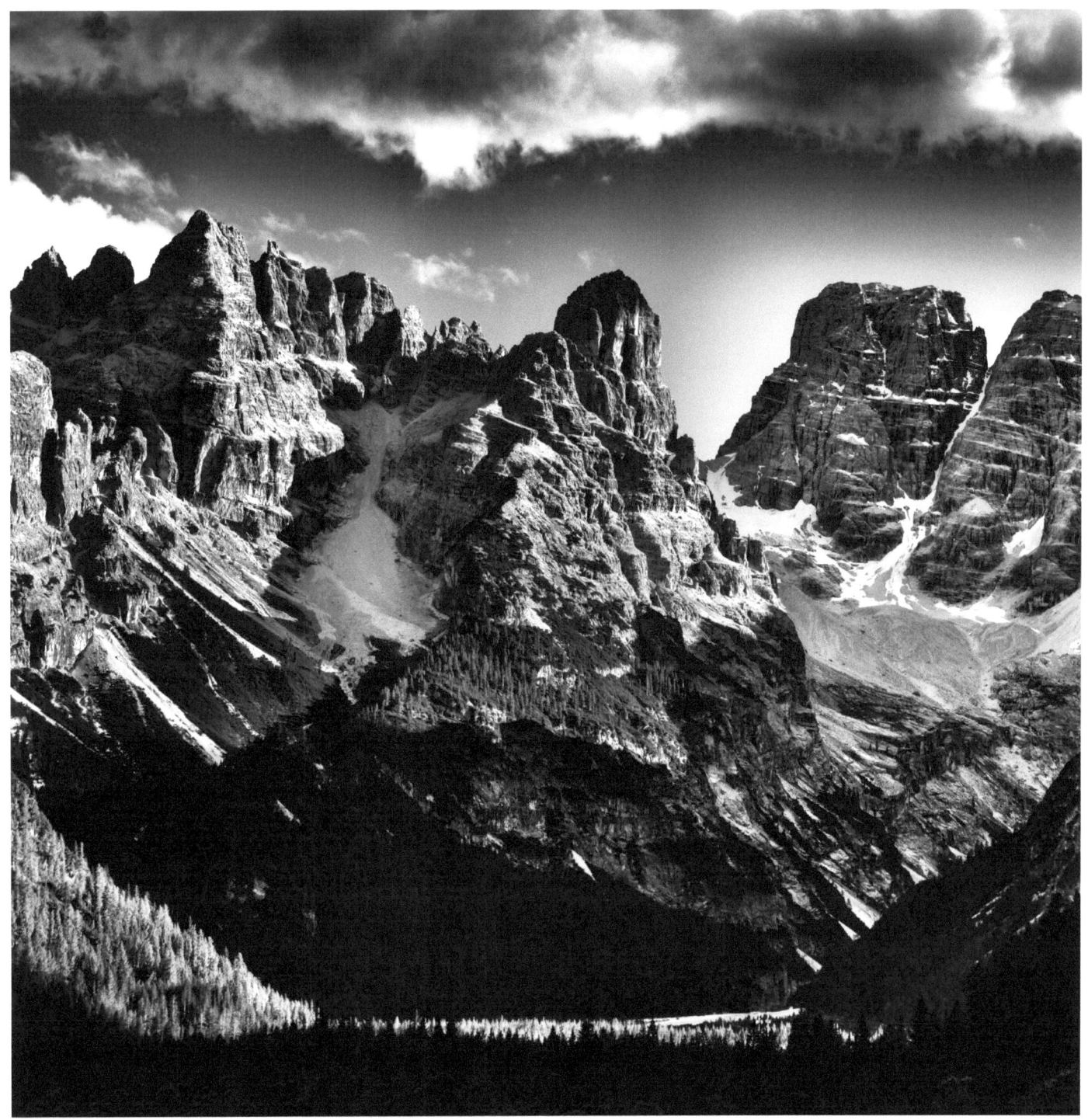

Cristallo

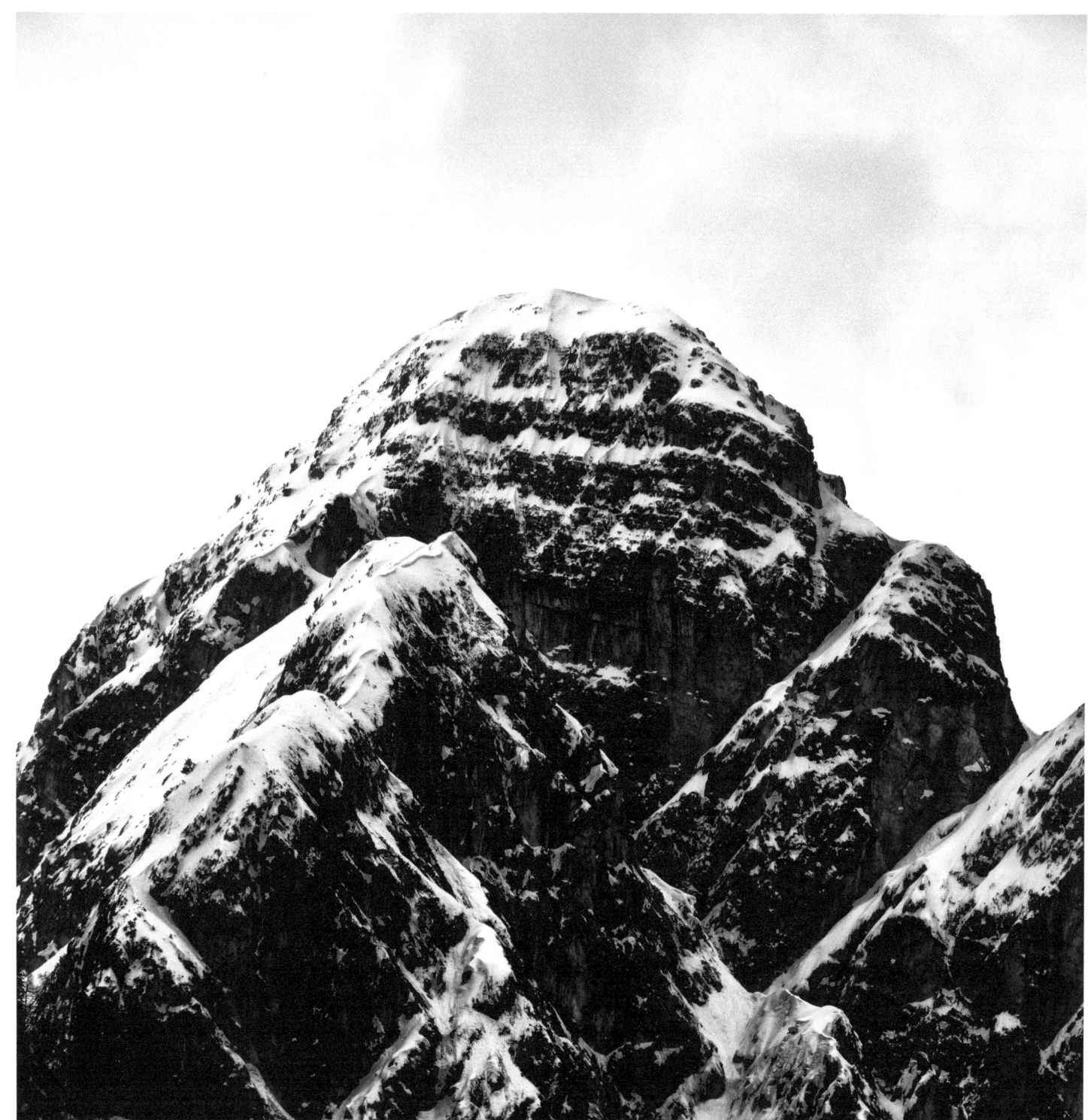

Croda Bagnata

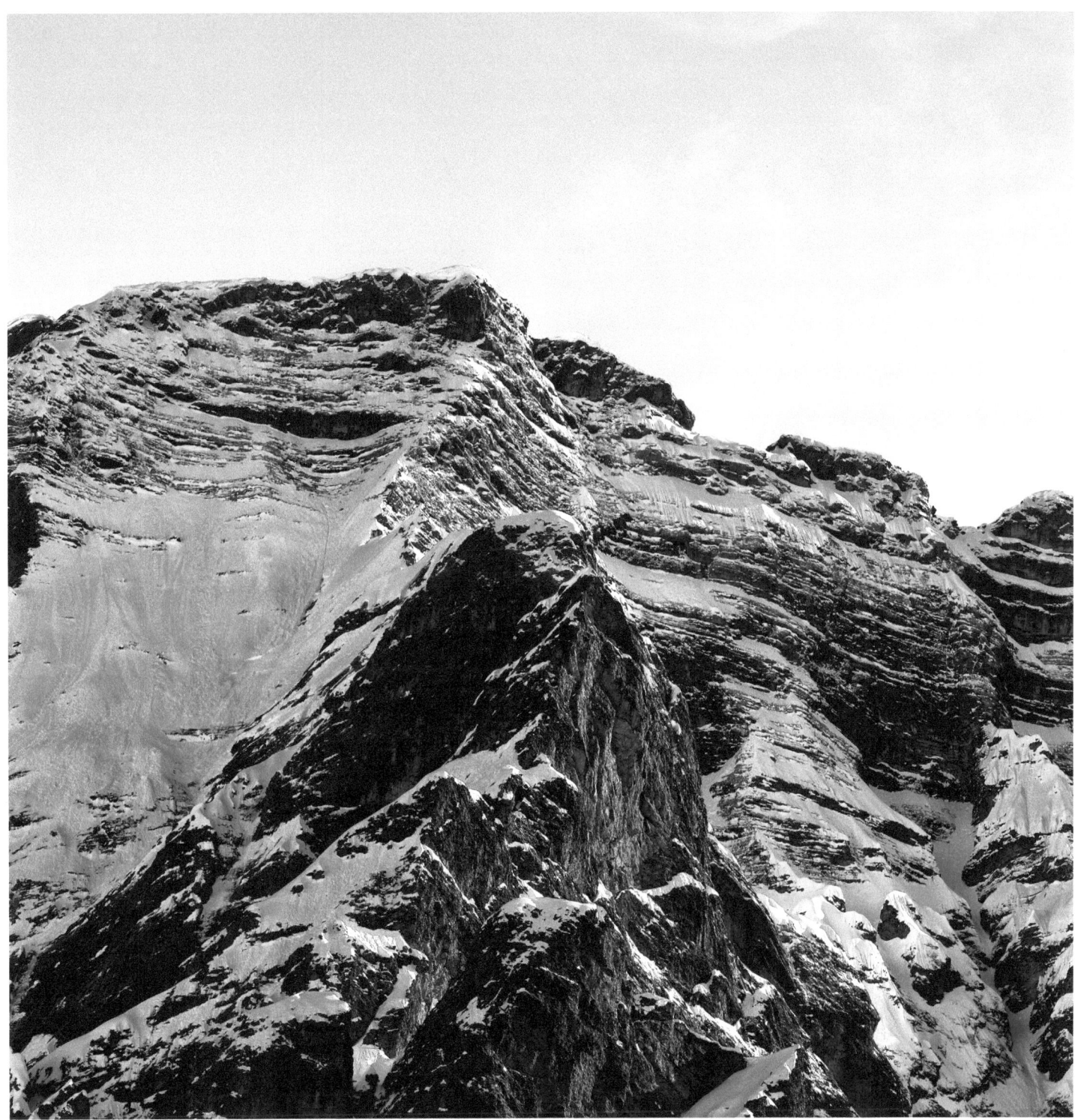

Croda del Becco

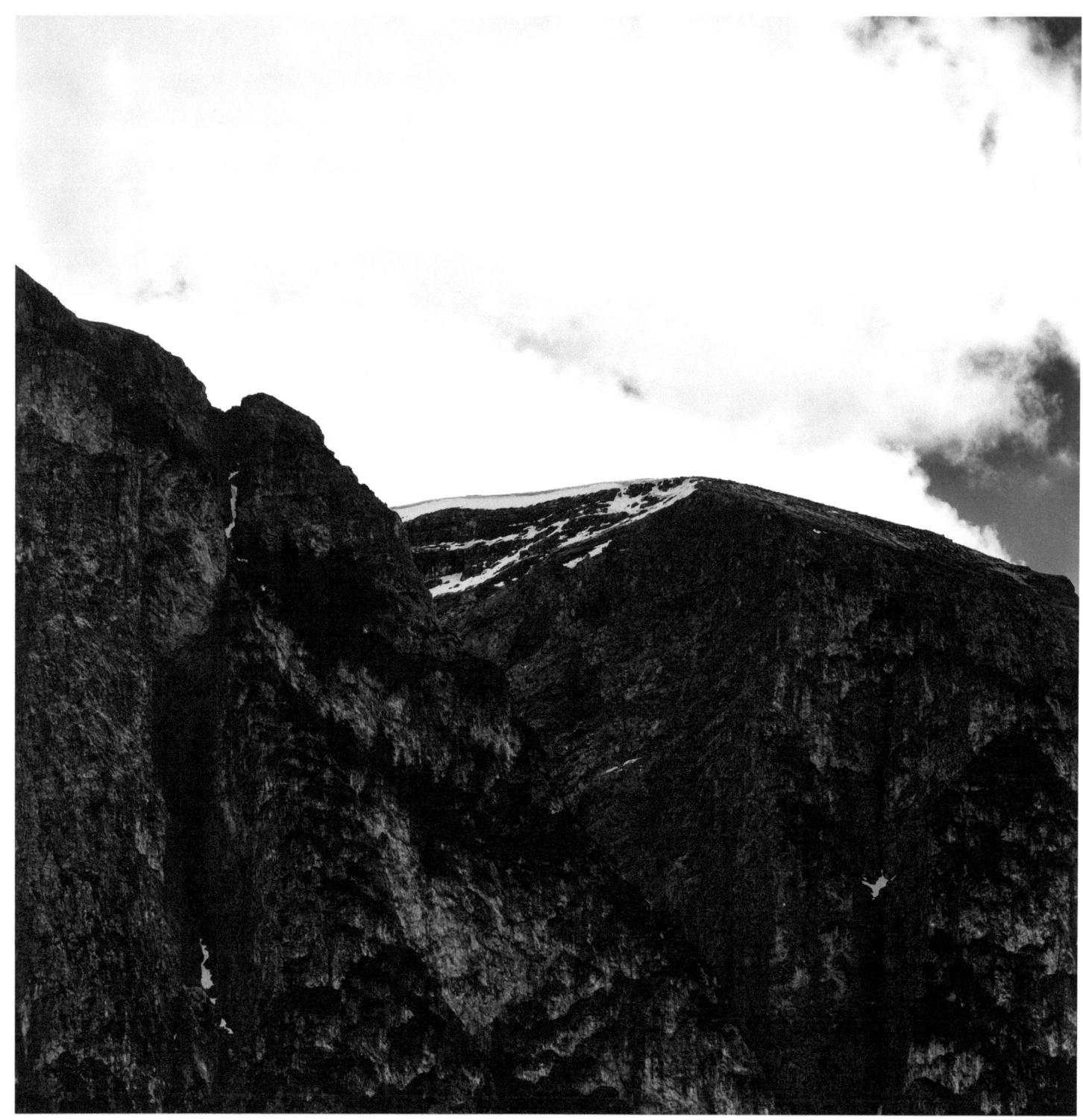

Gabel Mull

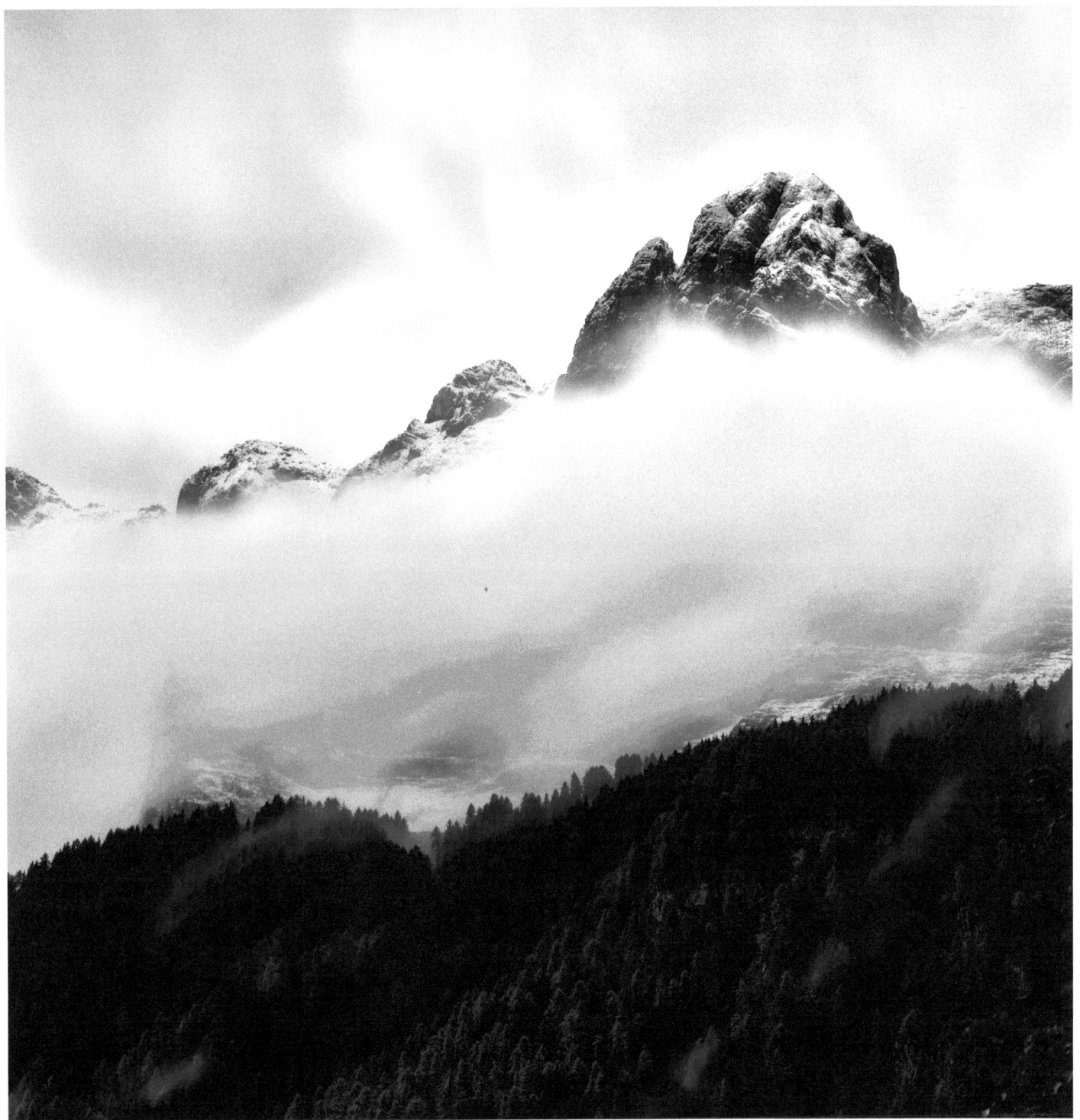

Grostè

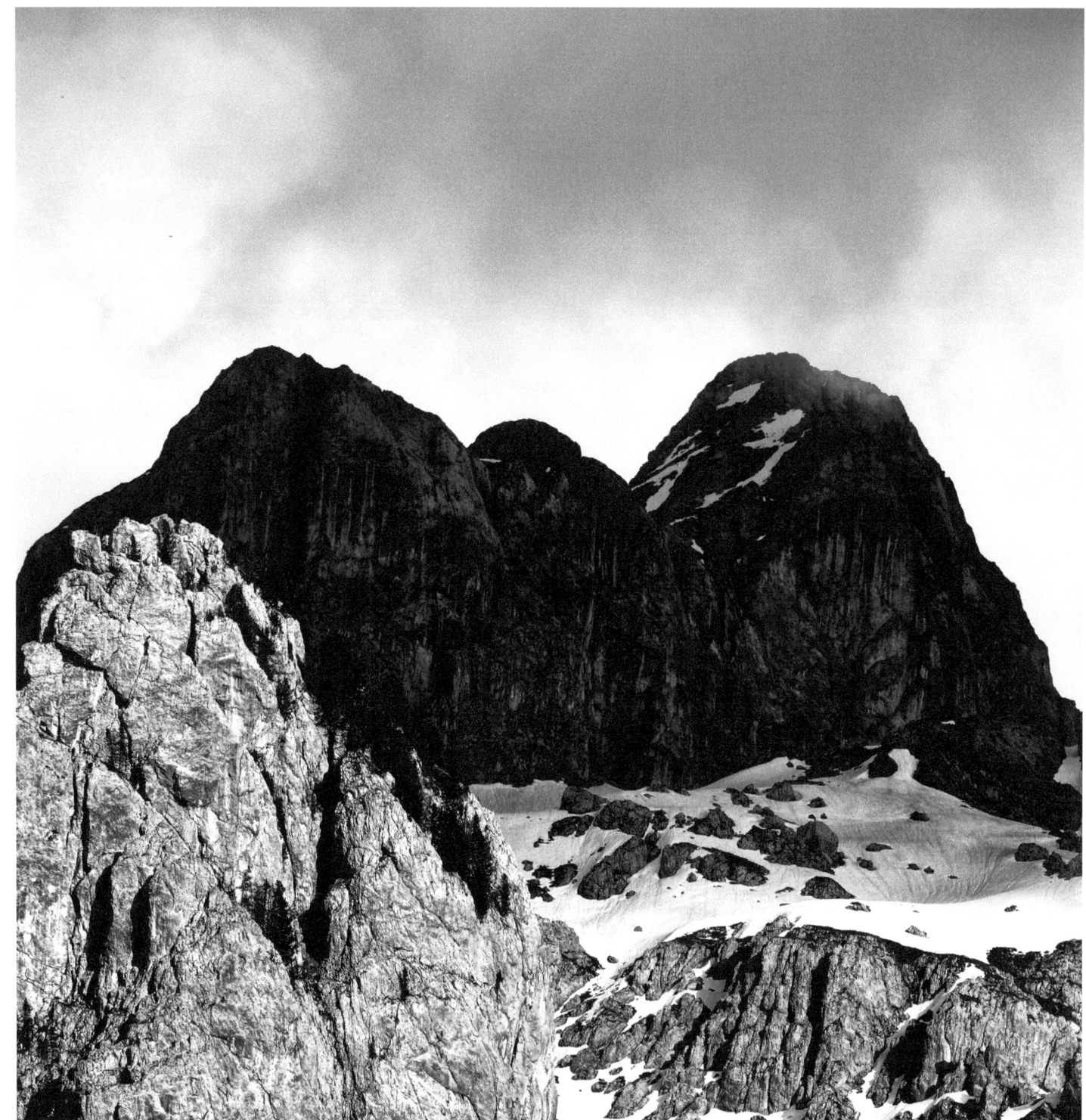

Latemar

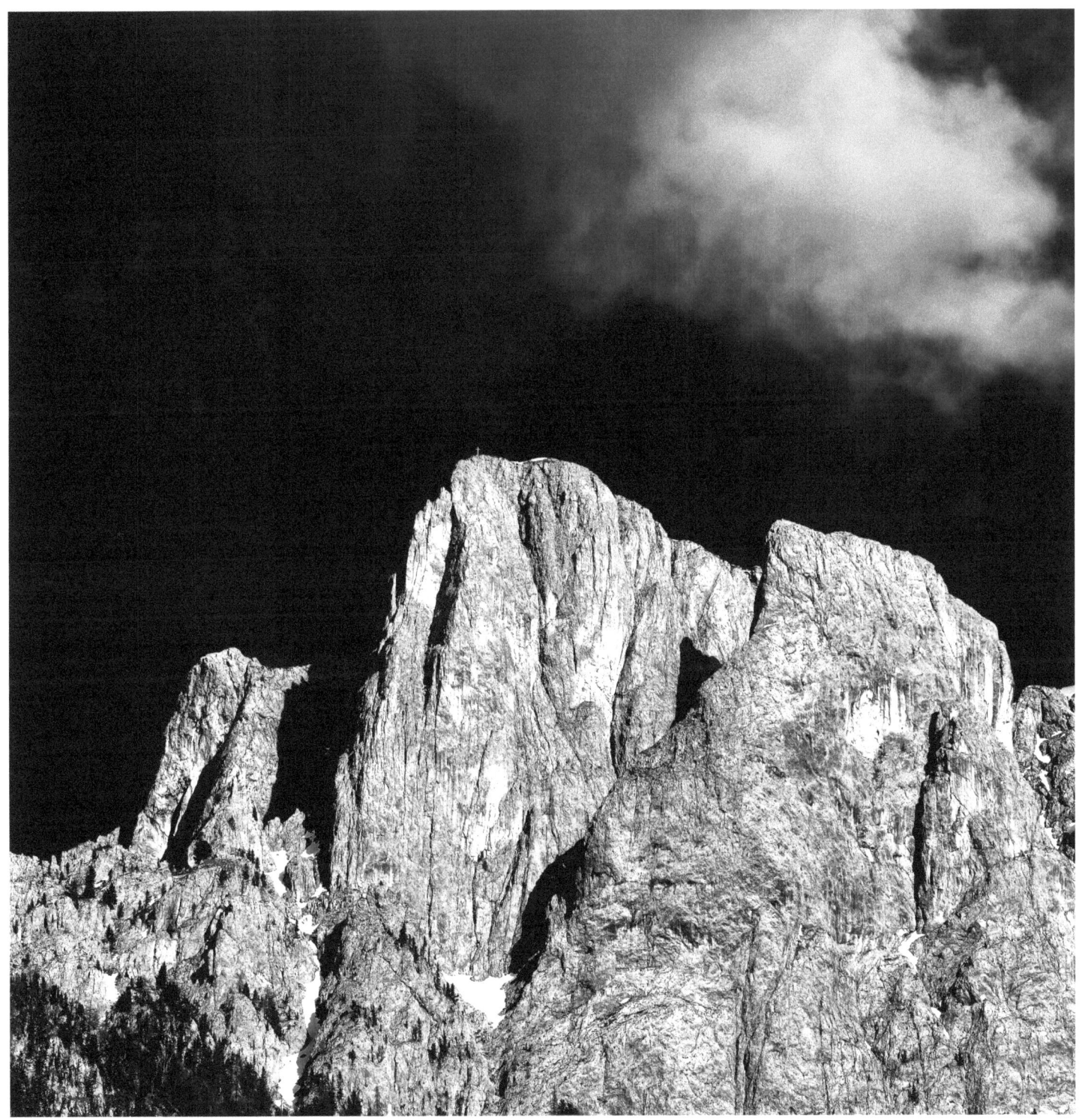

Marmolada

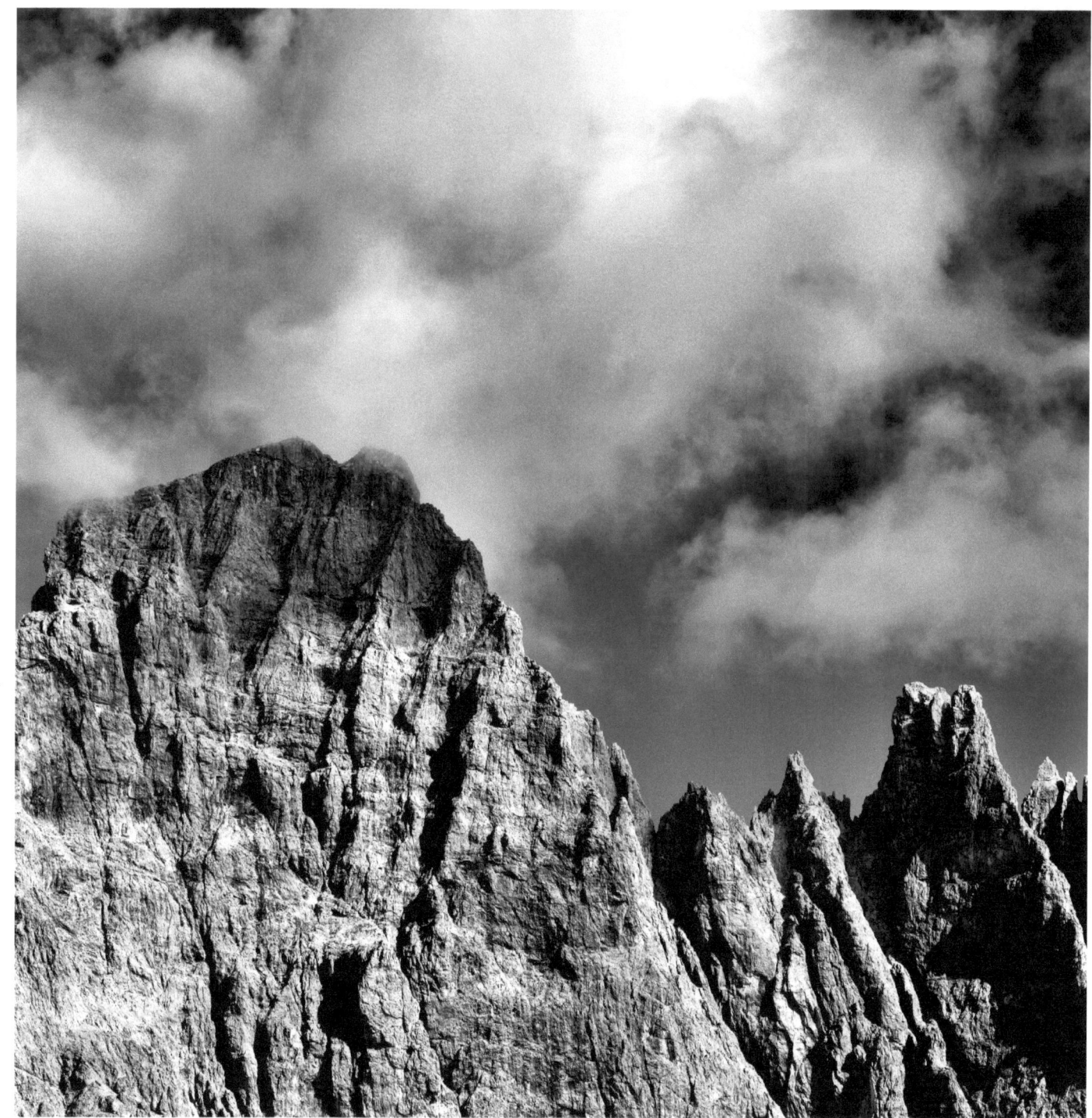

Pale di San Martino

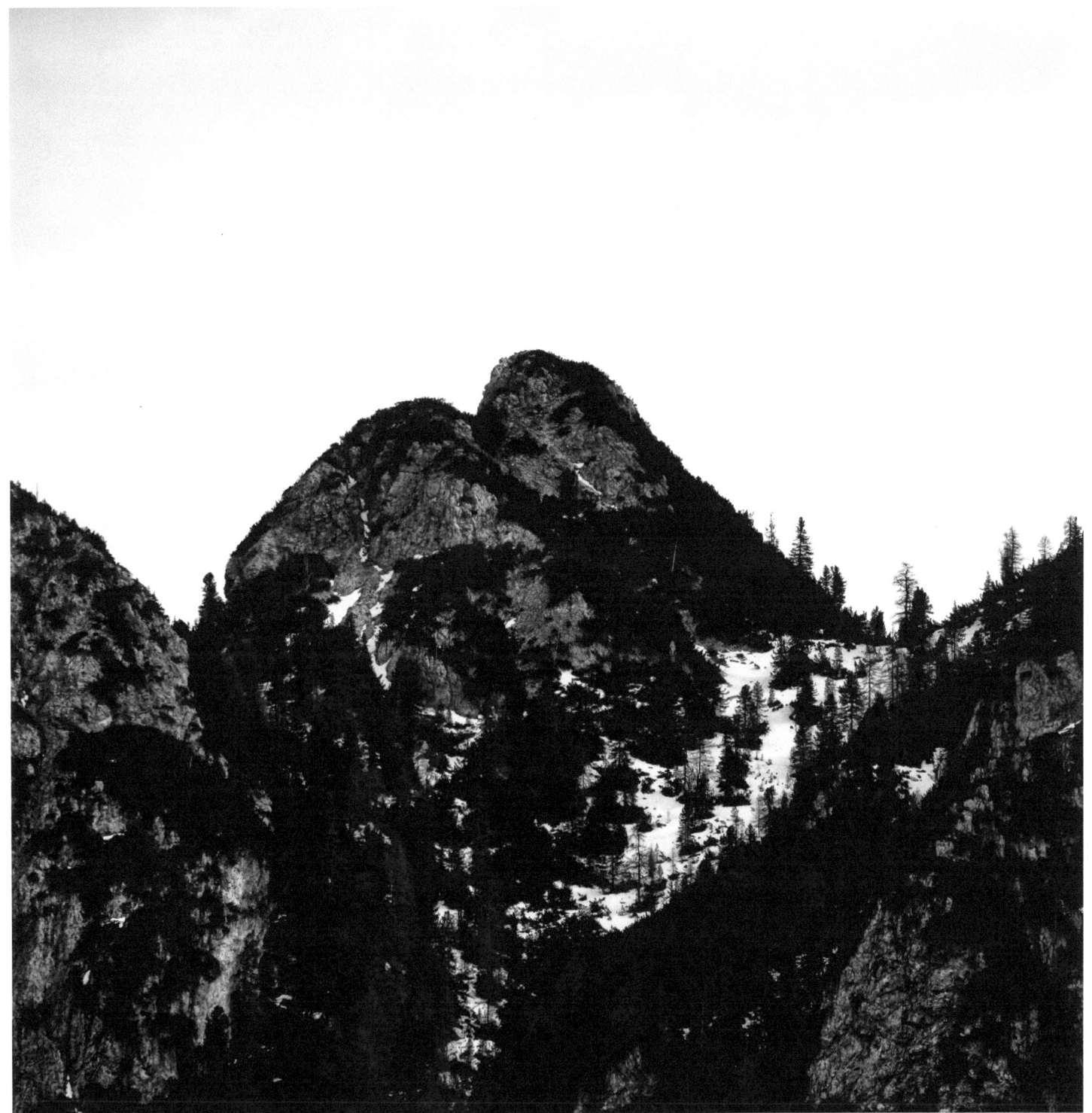

Petz

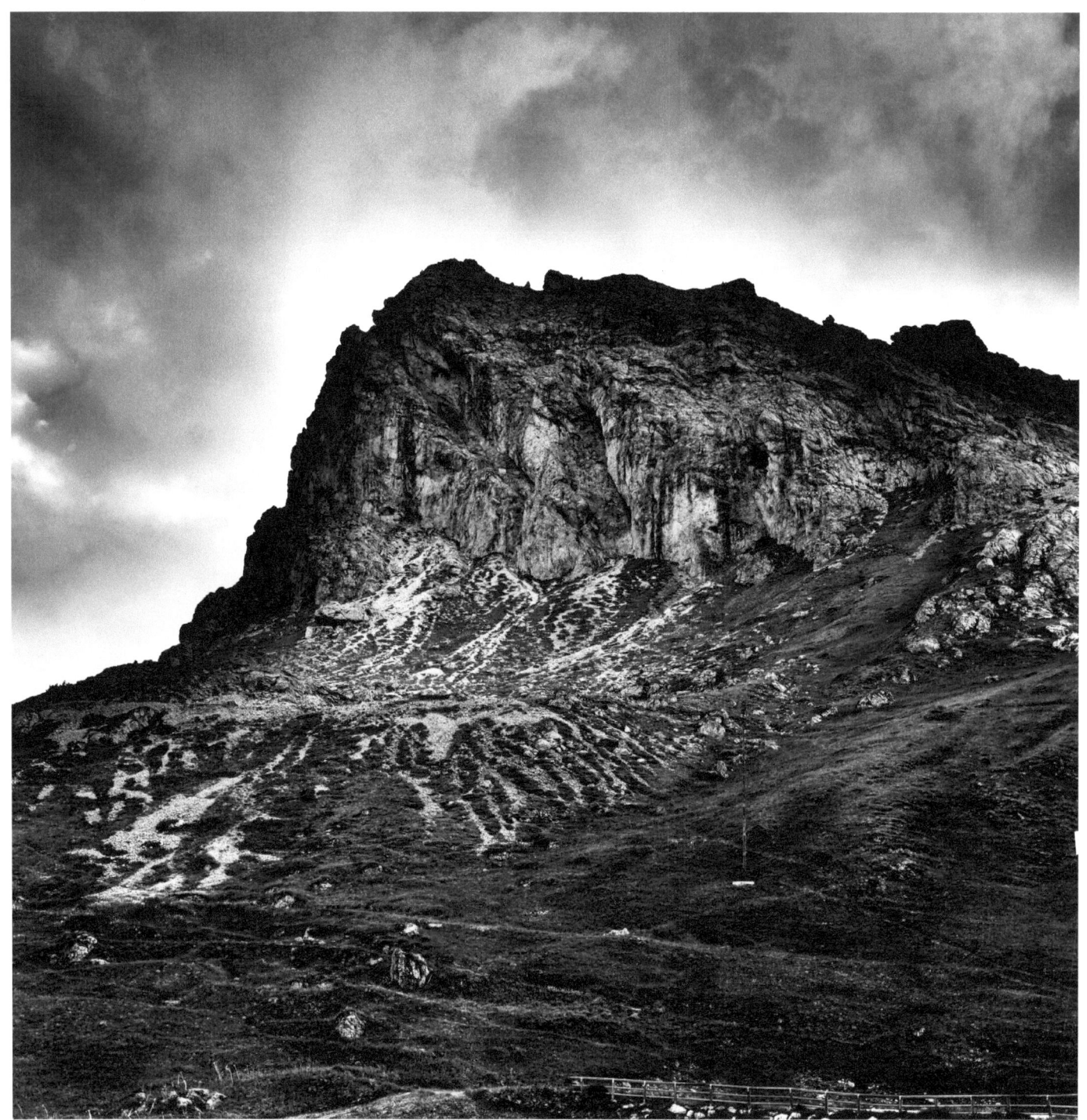
Piz Boè

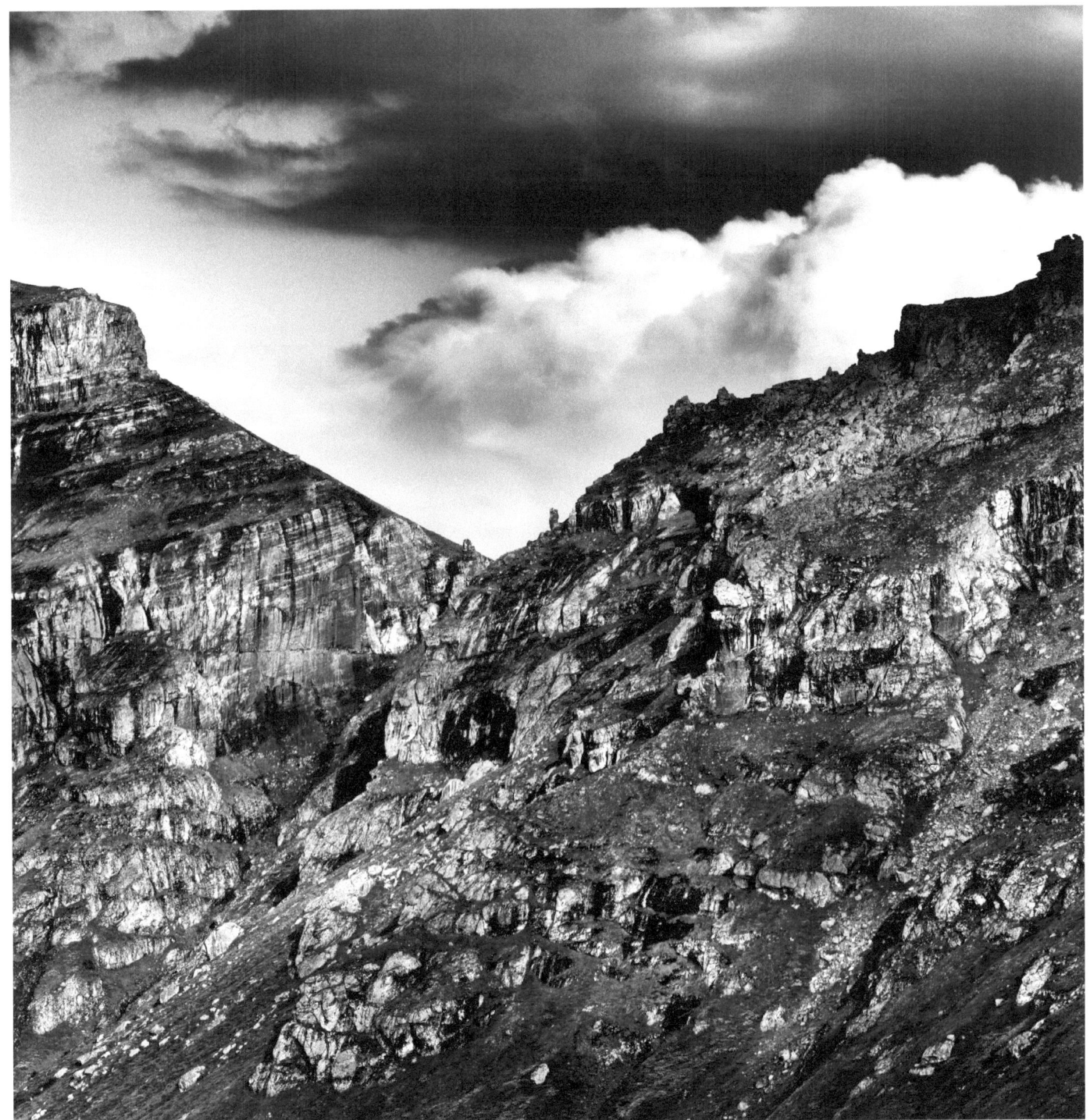

Pordoi

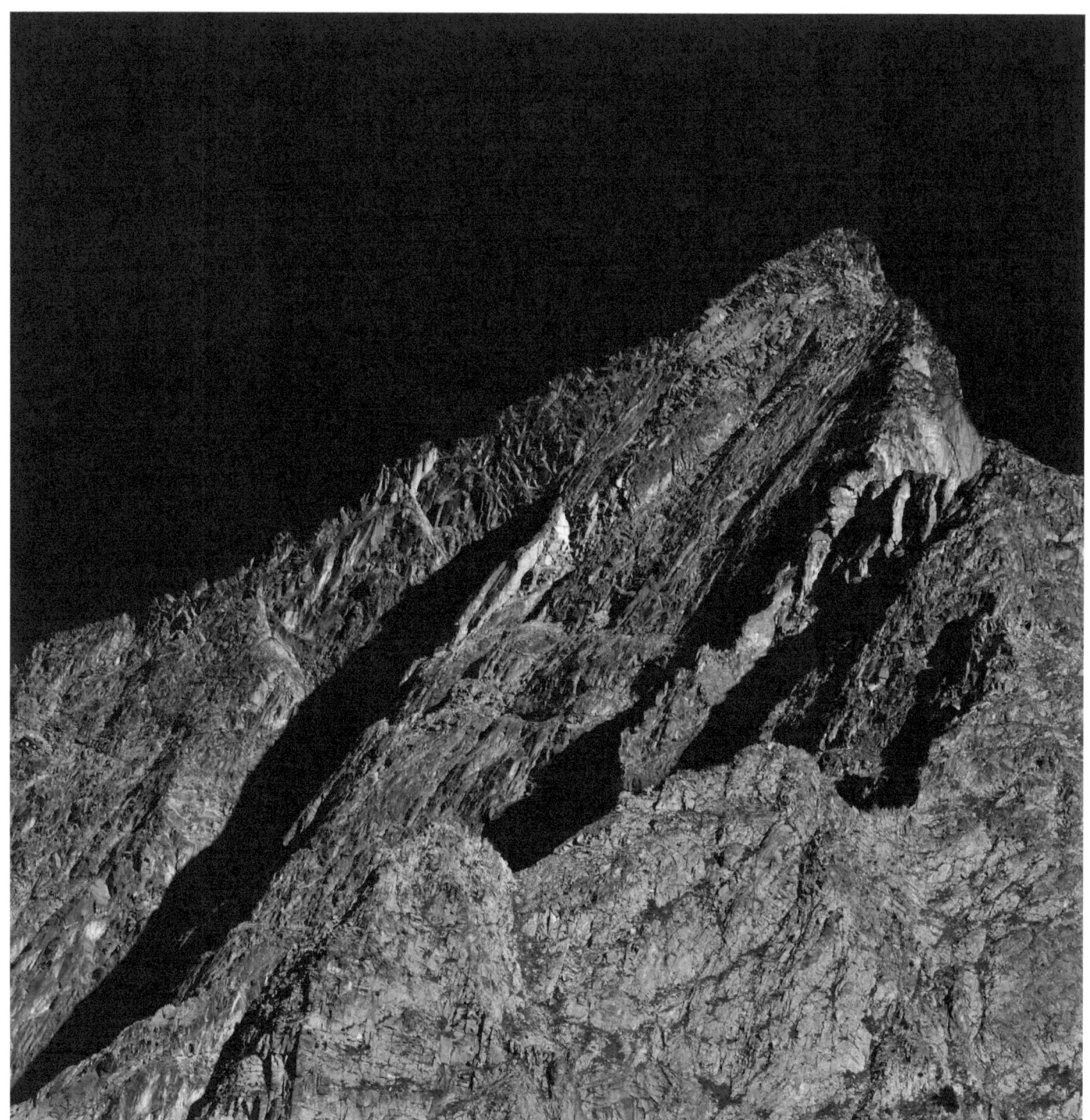

Presanella

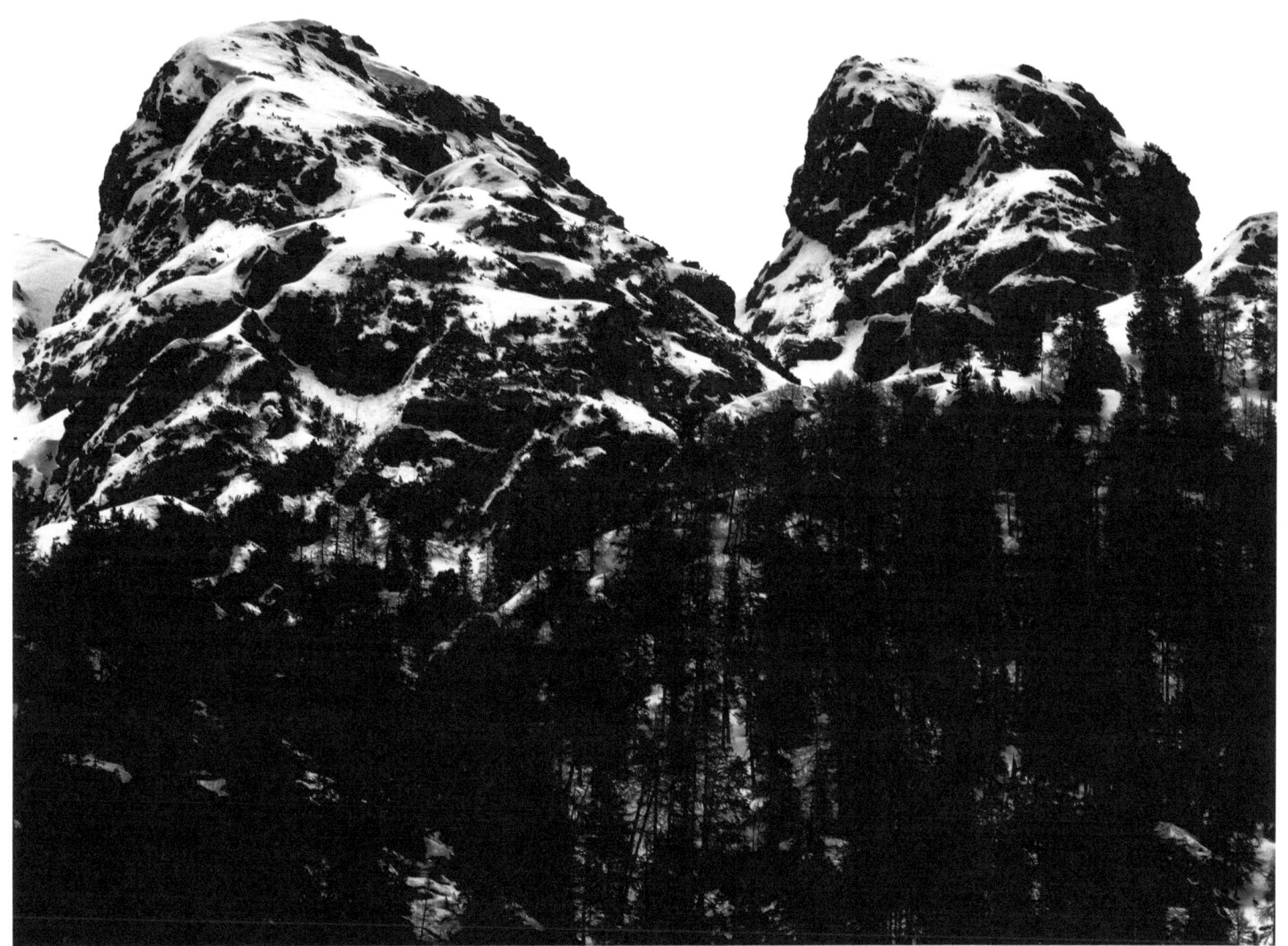

Rocca dei Baranci

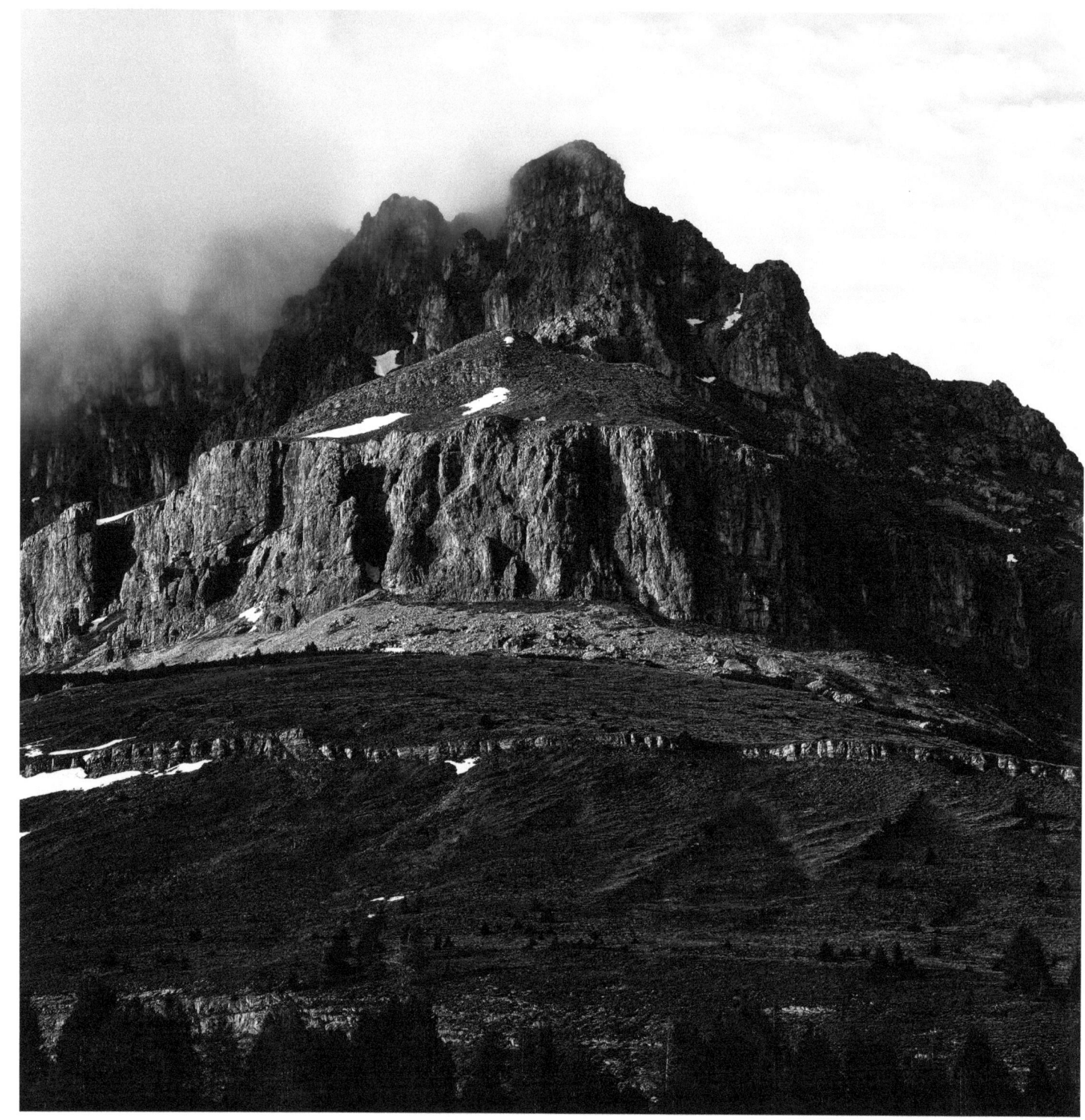

Roda di Vael

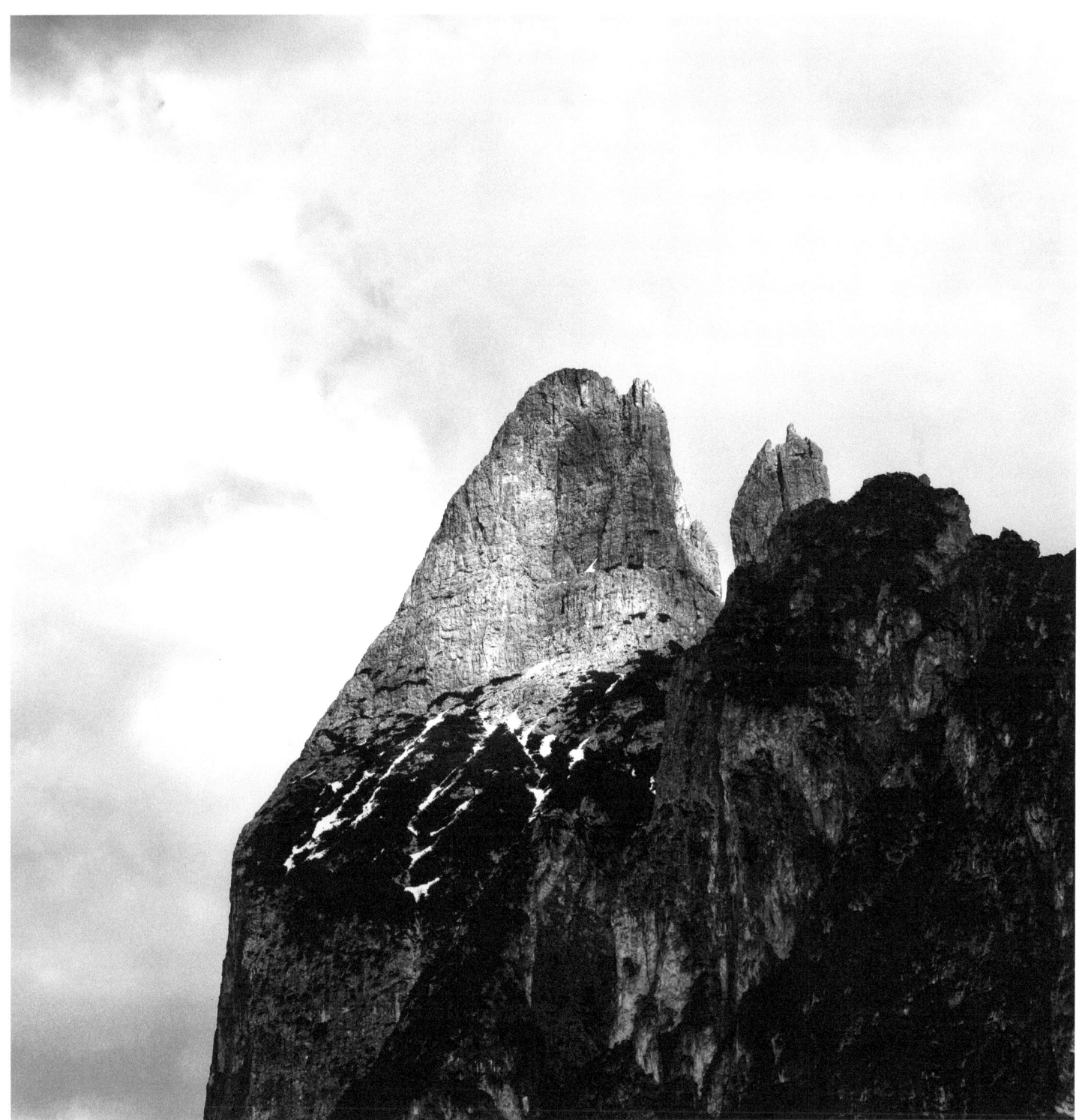

Sciliar

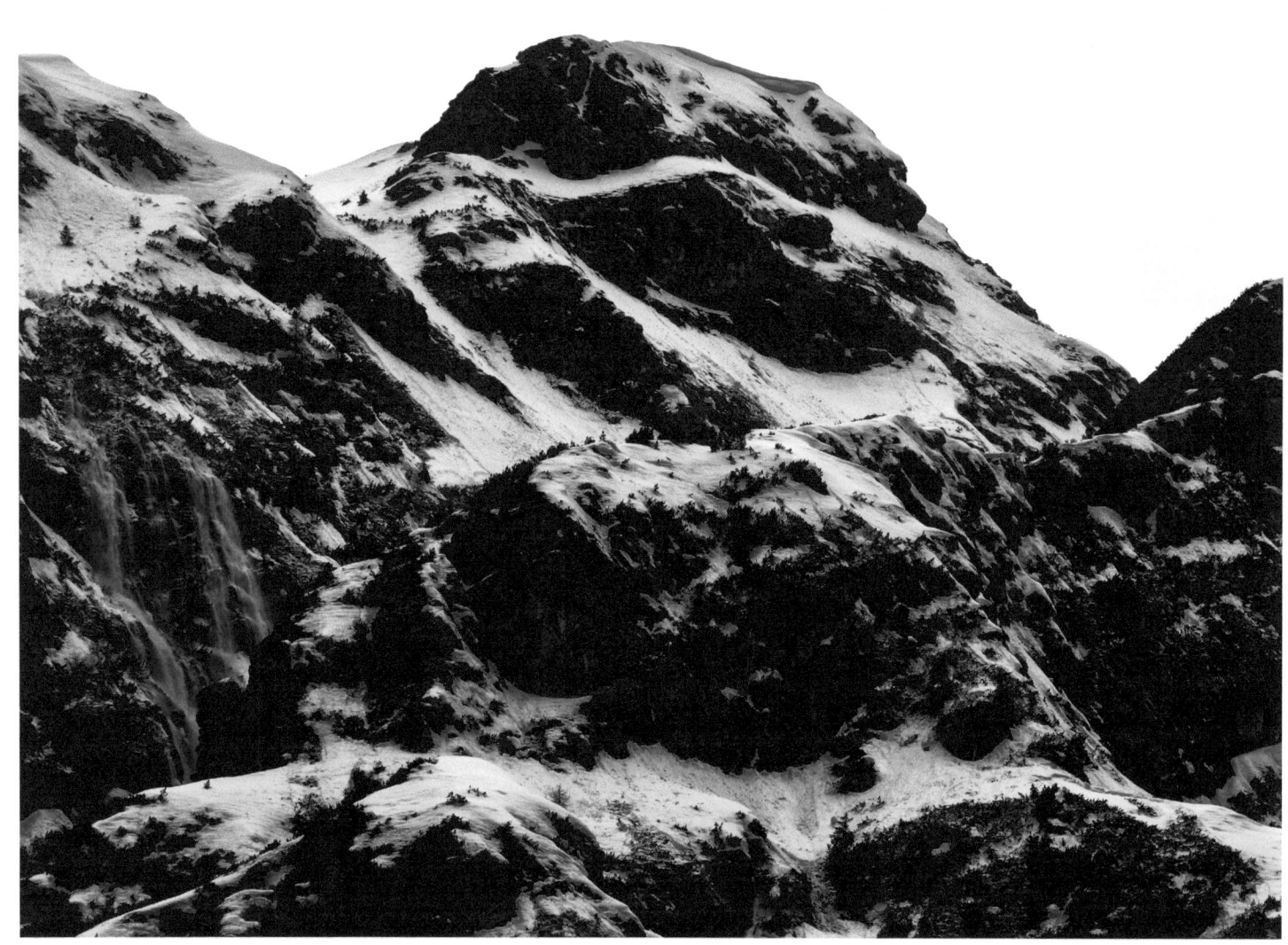

Serla

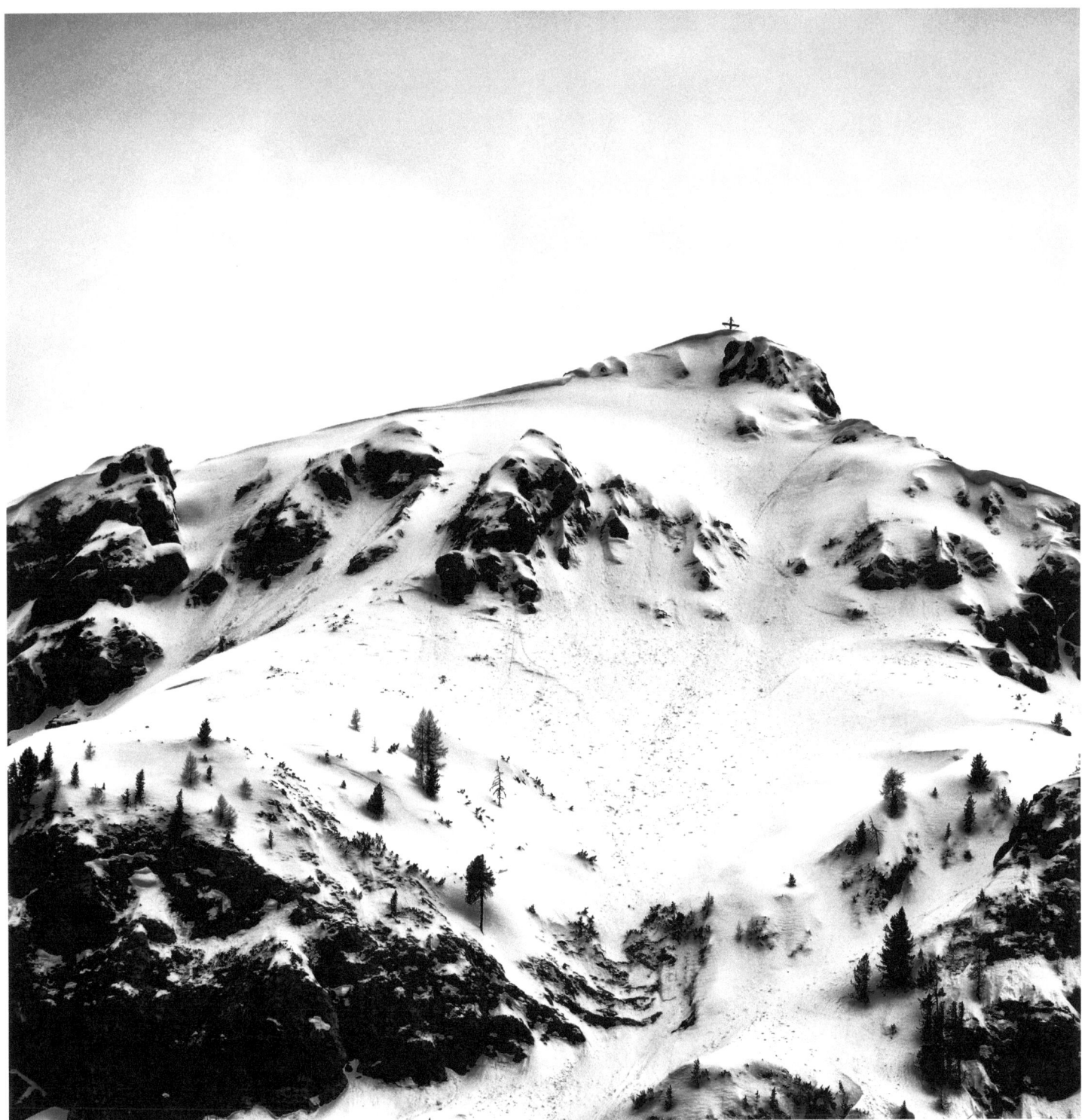

Vallandro

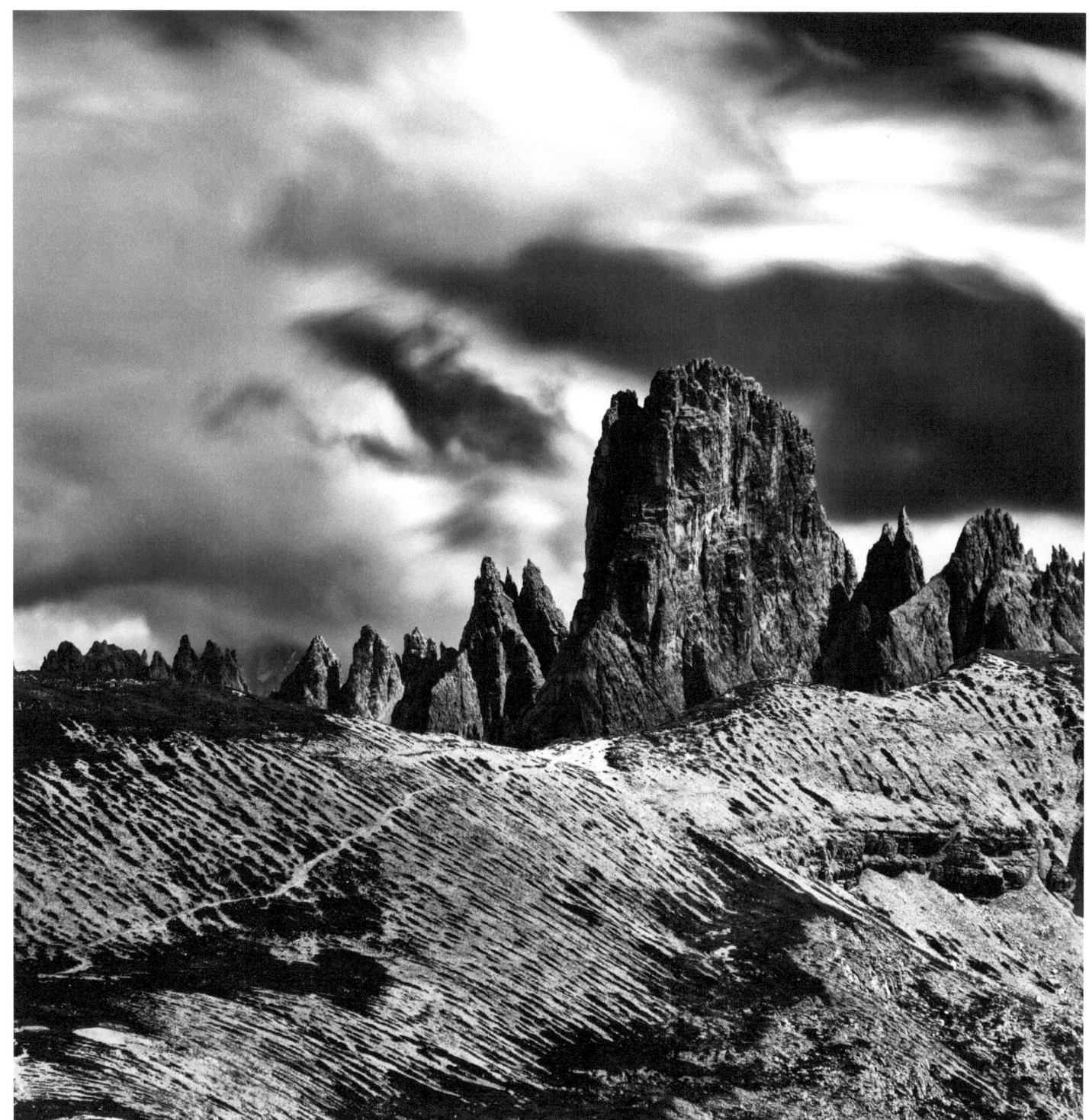

Cadini di Misurina

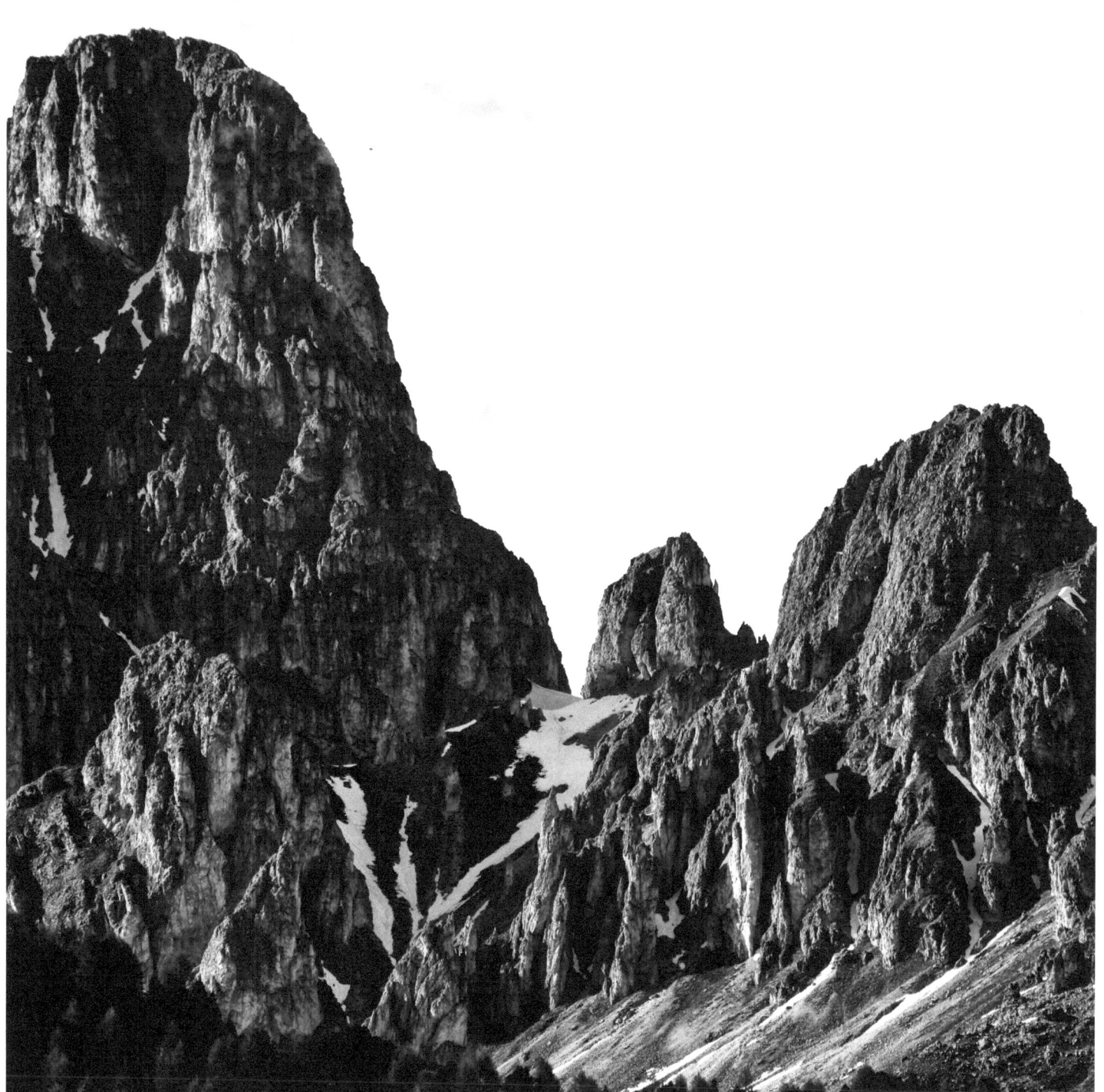

Catinaccio

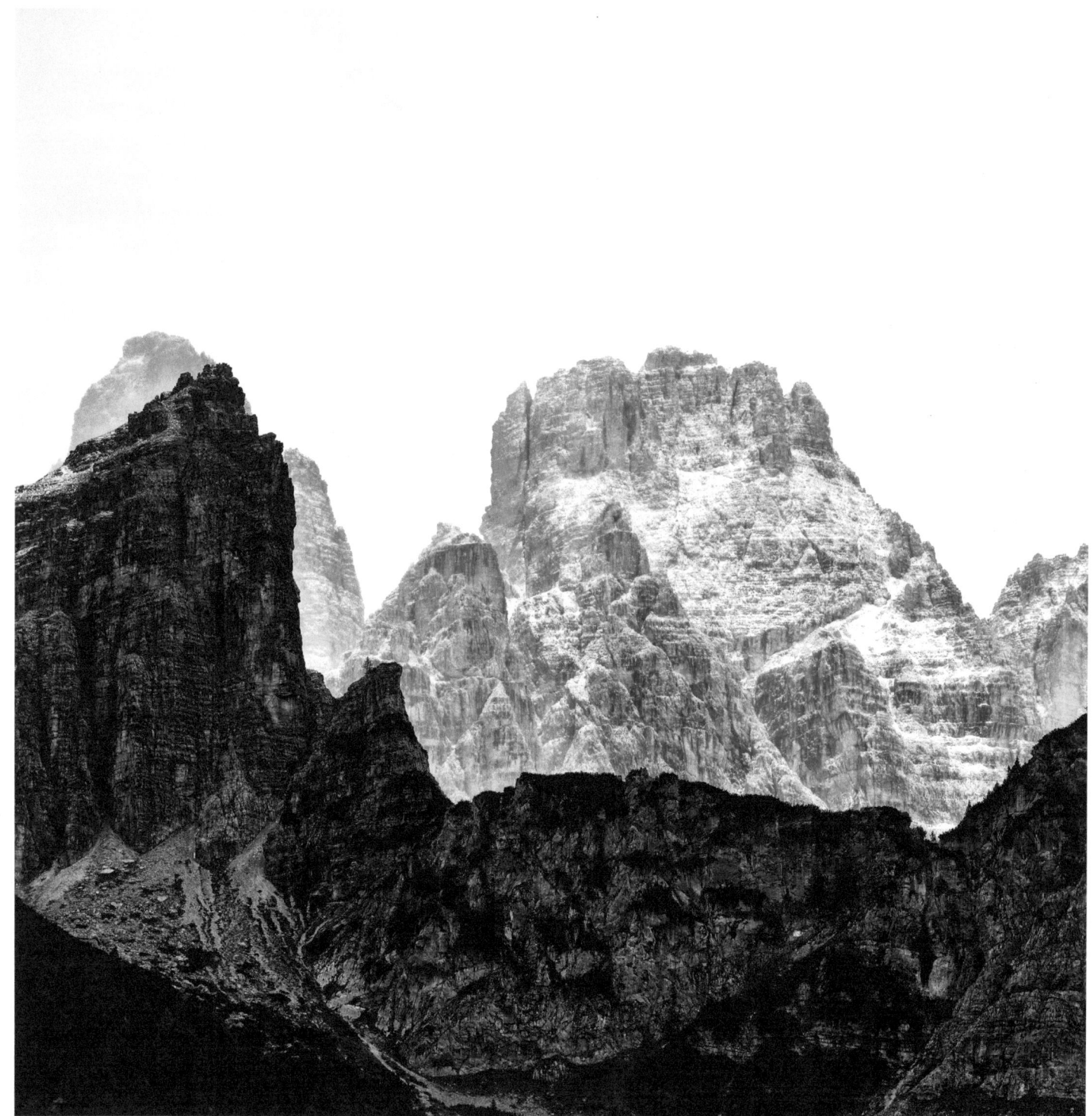

Cima Tosa

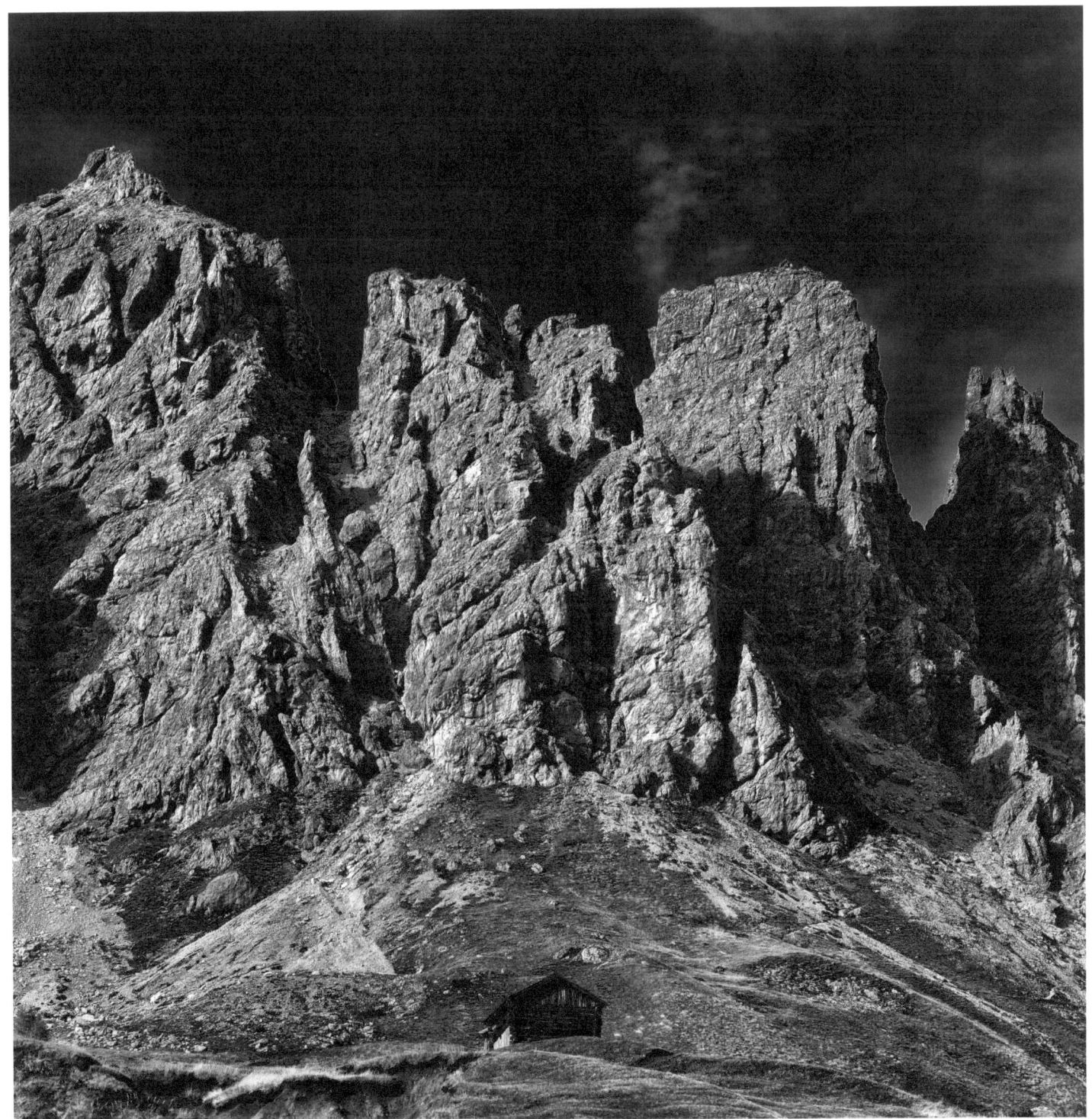

Cirspitzen

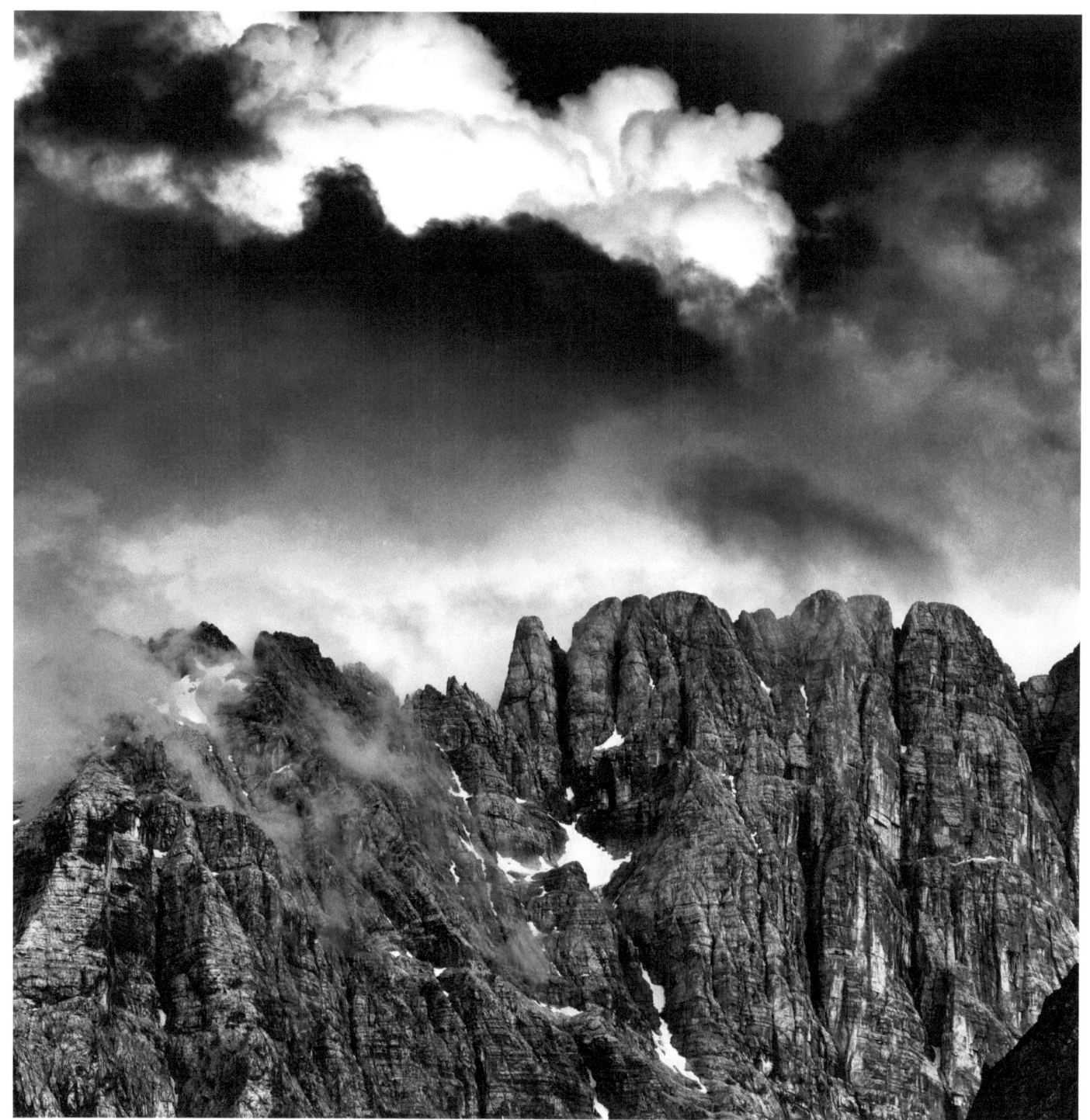

Cristallo

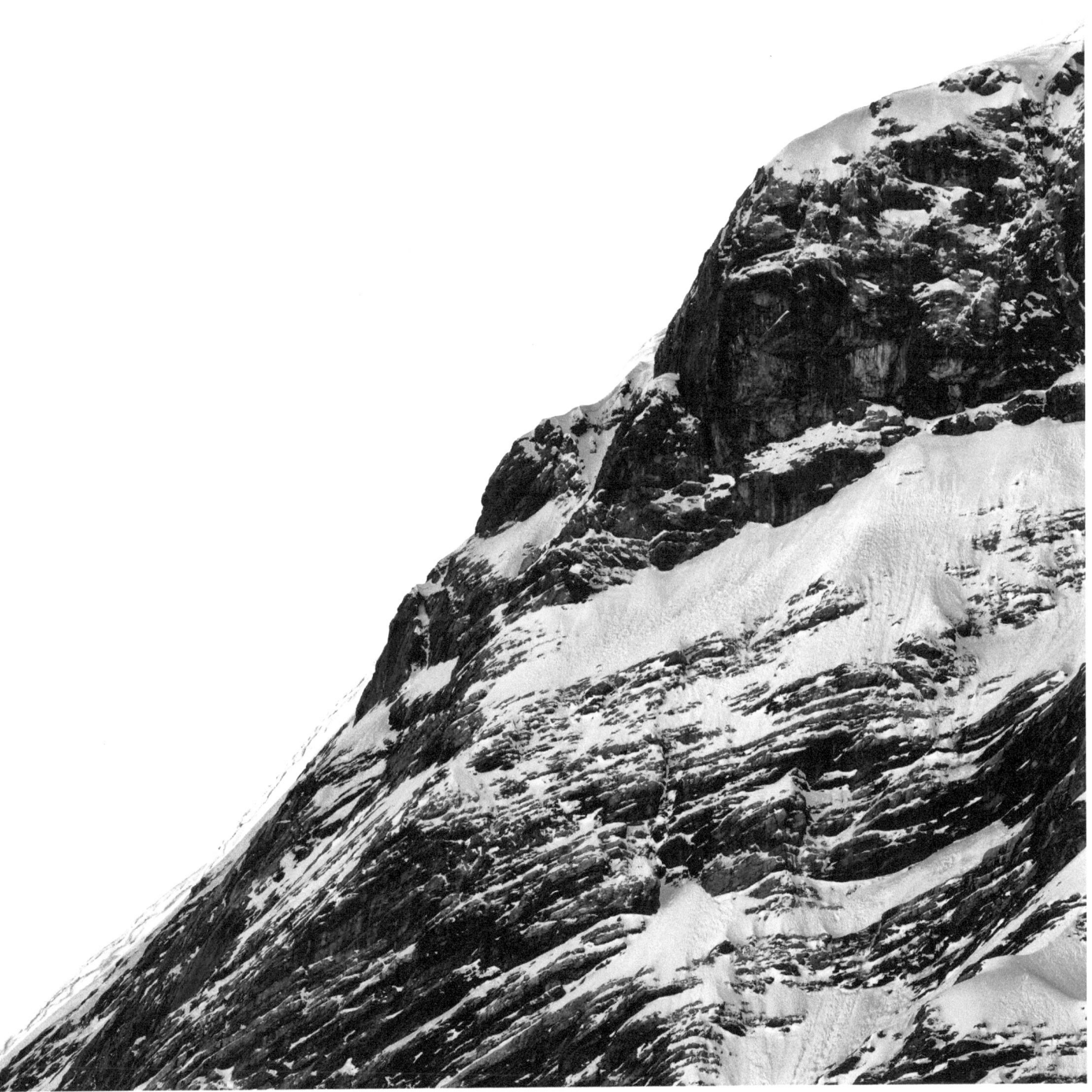

Croda del Becco

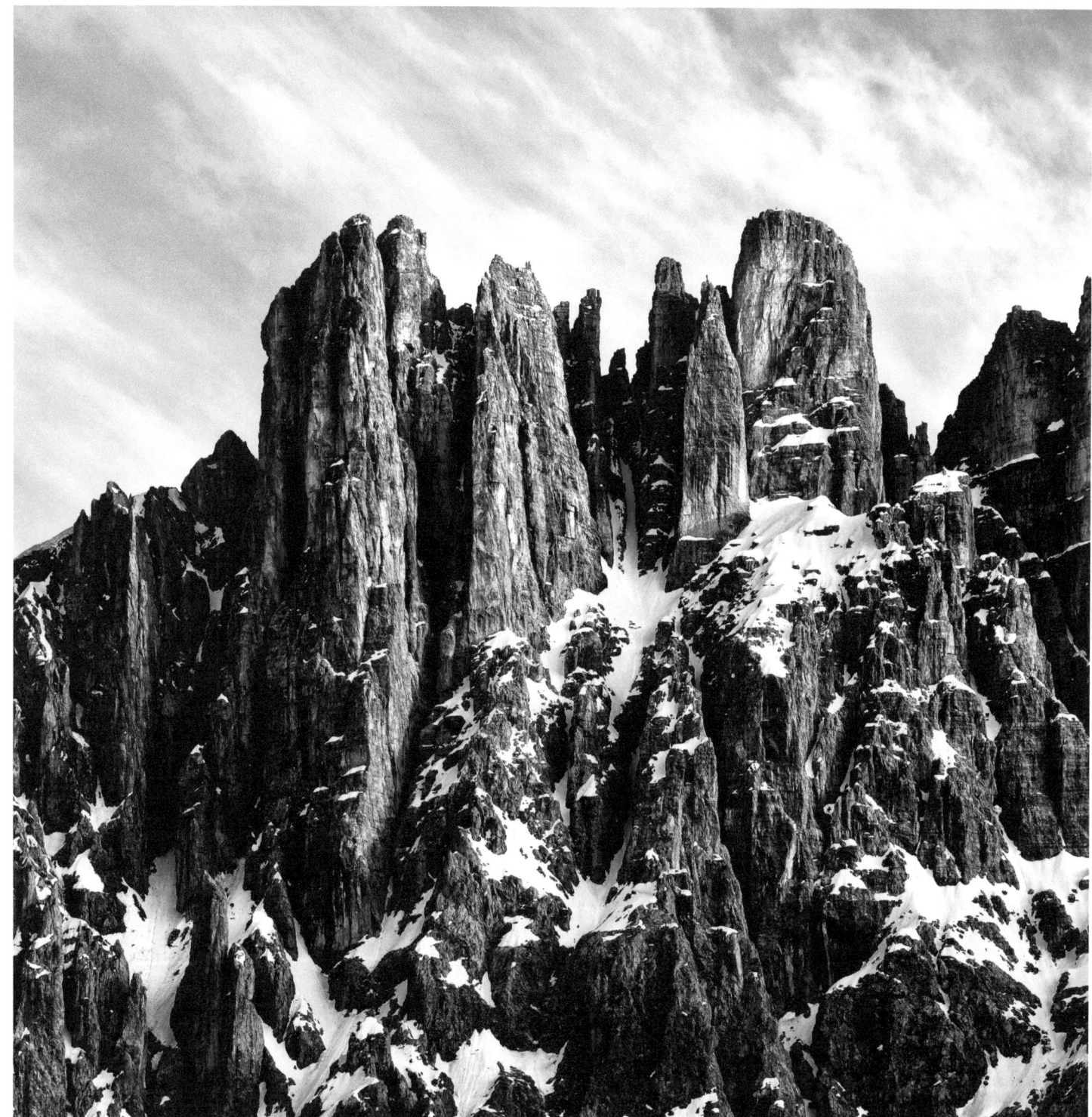

Latemar

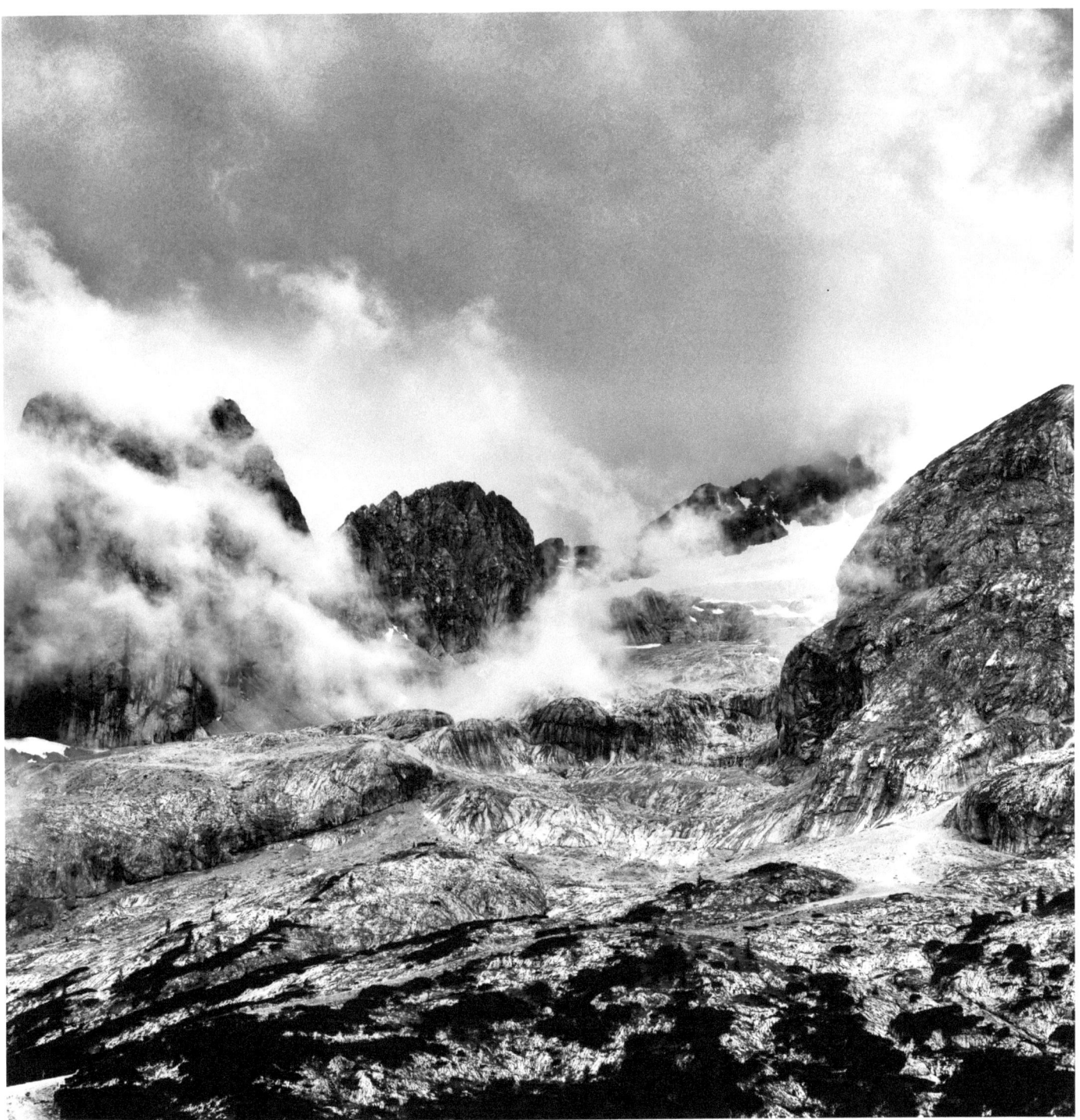

Marmolada

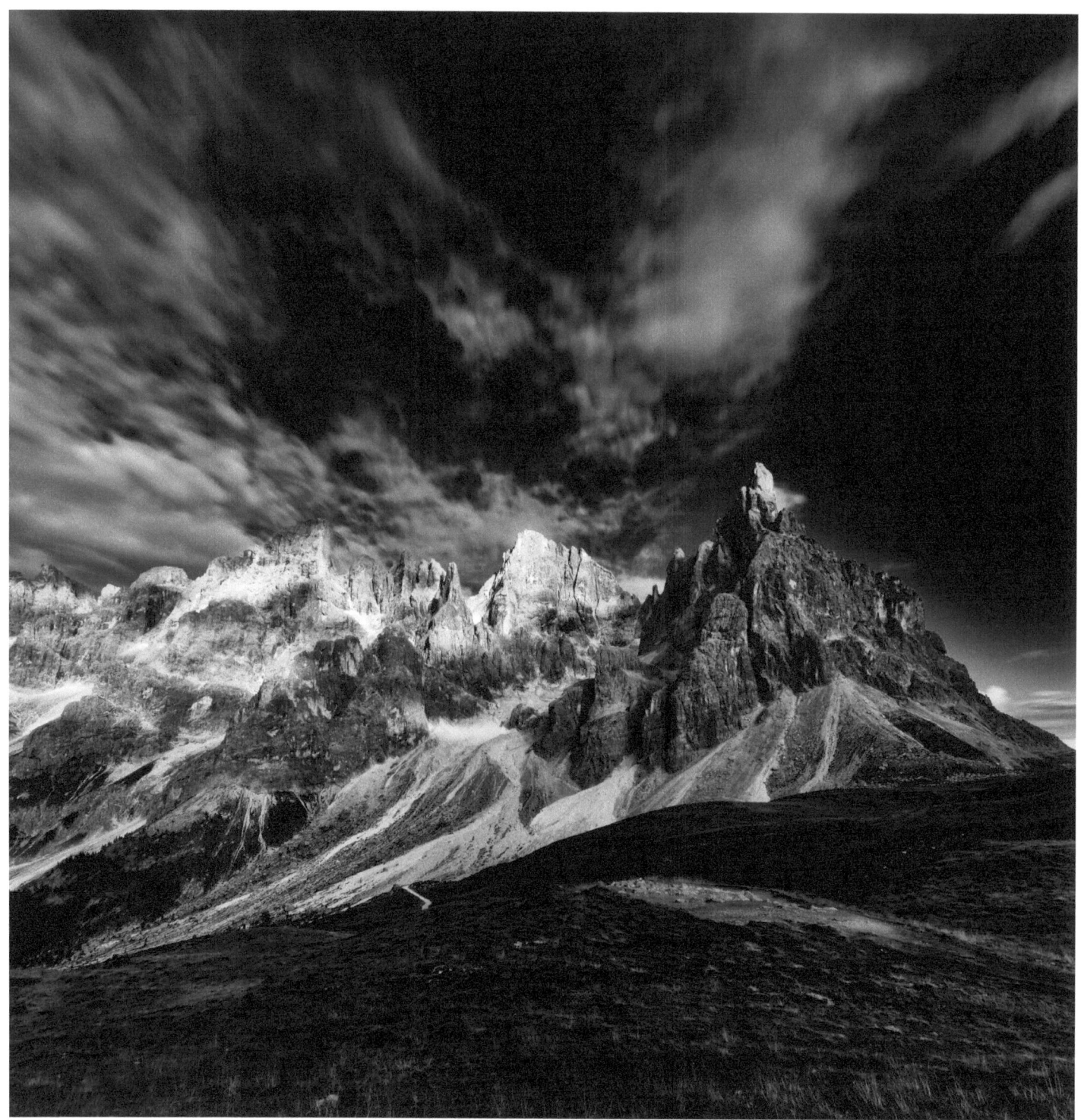

Pale di San Martino